작은 성공으로 시작하라

작은 성공으로 시작하라 ⓒ 이상각 1999

초판 1쇄 발행일 | 1999년 1월 5일
중판 4쇄 발행일 | 2003년 2월 28일

엮은이 | 이상각
펴낸이 | 이정원

펴낸곳 | 도서출판 들녘미디어
등록일자 | 1995년 5월 17일
등록번호 | 10-1162
주소 | 서울 마포구 합정동 366-2 삼주빌딩 3층
전화 | 마케팅 02-323-7849 편집 02-323-7366
팩시밀리 | 02-338-9640
홈페이지 | www.ddd21.co.kr

값은 뒤표지에 있습니다. 잘못된 책은 구입하신 곳에서 바꿔드립니다.
ISBN 89-86632-84-5 (02840)

작은 성공으로 시작하라

데일 카네기 지음/이상각 엮음

들녘미디어

책머리에

세상을 살아가면서 주어진 삶에 충실해야 한다는 것은 모든 사람들이 행해야만 되는 덕목이다. 더군다나 그 삶이 성공에까지 이르렀다면 그 덕목을 훌륭히 이루어낸 것이나 다름없다.
우리가 원하는 성공적인 삶이란 무엇인가. 그것은 참행복을 향하여 거리낌없이 나아가는 과정이다. 즉, 인생에 대한 폭넓은 자신감, 성공에 대한 명확한 확신을 바탕으로 목표를 향하여 최선의 행동을 하는 것이다. 긍정적인 사고 방식으로 세상을 보면 성공이란 하나의 부수물에 지나지 않는다.
참된 인간은 결코 실패를 두려워하지 않는다. 오히려 역경을 바탕으로 새로운 의욕과 힘을 모아낸다. 세상의 모진 풍파를 온몸으로 이겨내며 전진하는 사람의 모습은 참으로 아름답다.
인간은 마음먹기에 따라서 세상을 바꿀 수 있다. 인간이 지닌 최고의 힘은 마음의 힘이다. 그 마음으로써 최선의 삶을 꾸려나가도록 도움을 주고자 하는 것이 바로 이 책의 알파이며 오메가이다.
이 책은 인간관계 교육론을 강의한 데일 카네기와 그의 아내 도로시 카네기의 저서를 바탕으로, 고난의 한 시대를 살아가는 우리가 깨닫고 행동해야 할 인간관계의 정수를 모아 엮은 것이다.
미국의 저명한 저술가이며 문인, 교사였던 데일 카네기는 〈처세

론〉〈인생론〉〈대화술〉〈지도론〉〈성공학〉 등의 다양한 저술을 통하여 탁월한 인간관계론을 펼쳐보인 인물이다.

그는 미주리 주의 가난한 농장에서 태어났지만 고등학교와 대학을 다니며 토론 클럽을 통해 풍부한 지식과 언어 구사능력을 쌓았다. 학교를 졸업한 후 그는 각종 직업을 전전하다가 네브래스카의 트럭 회사에서 세일즈맨으로 활동하였으며, 뒤늦게야 자신이 지닌 능력을 깨닫고 YMCA에서 대화 및 연설 기술에 대해 강연했다. 그리고 날이 갈수록 그의 강연이 폭발적인 인기를 끌자 성인 교육에까지 그 영역을 넓혀갔다.

한편, 그의 아내 도로시 카네기는 남편이 창설한 '카네기 협회'의 여성강좌를 이끌면서, 아내가 남편의 협력자로서 한 가정의 성공을 주도할 수 있음을 확신한 여성이었다. 그녀는 사람을 낮은 지위에 얽매어두는 여러 가지 장애를 제거하기만 한다면 숨겨진 능력을 궁극에까지 발휘할 수 있다고 믿었다.

데일과 도로시, 이들은 많은 이론과 강연으로 수많은 사람들을 성공으로 이끈 인물이다. 전 세계의 독자들은 이들의 강연을 듣고 생기를 회복하였으며, 정열적으로 삶에 영위하게 되었다. 그러나 궁극적으로 이들이 모든 이들에게 가르쳐주고 싶었던 것은 바로 인간의 '행복한 삶'이었다.

따라서 이 책이 오늘을 살아가는 이들에게 용기와 꿈을 주었으면 한다.

차 례

자신의 일을 사랑하라 · 11

헛된 두려움을 버려라 · 14

용기는 커다란 힘 · 18

망설이지 말아야 할 때 · 23

모든 것을 함께 나누는 마음으로 · 29

불신의 벽을 허물라 · 35

여유있는 사람이란 · 39

멋진 사람들과 함께 하라 · 44

행복이란 공포에서 해방된 즐거움 · 49

불가피한 것은 받아들여라 · 53

마음의 거울을 보라 · 56

시간에 대한 집중력을 발휘하자 · 60

작은 꿈이 큰 소망을 이룬다 · 63

당신은 기계가 아니다 · 68

우연한 성공이란 없다 · 71

환각의 세계를 뿌리쳐라 · 74

자기 확신을 가져라 · 77

실패한 과거를 잊자 · 82

잘못된 관념을 뒤집어라 · 85

별을 보는 마음으로 · 88

오해와 질시에 초연하라 · 91

실패의 체험이 없다면 창조도 없다 · 94

몇 번을 넘어지더라도 · 100

작은 성공으로부터 시작하라 · 104

가슴을 울리는 활기찬 목소리의 힘 · 107

자연스럽게 말하라 · 112

행동이나 말이 지나치면 · 117

언제나 목적을 정확하게 가져라 · 120

마법의 공식 · 124

따뜻한 마음, 믿음의 마음 · 129

인내와 솔직함으로 대화하라 · 133

개성의 빛을 발휘하라 · 136

비판의 요령 · 138

마음의 소리를 들어라 · 143

객관적으로 판단하는 훈련을 · 147

반대는 관심의 또 다른 표현 · 153

대의명분을 주어라 · 157

유연하게 설득하는 방법 · 159

아름다운 마음에 호소하라 · 163

은혜를 베풀게 하라 · 166

성공은 가정에서 비롯된다 · 171

잔소리를 하지 말라 · 175
바람직한 경청의 자세 · 178
자신의 힘을 의심하지 말라 · 183
격려하는 사람이 되라 · 187
힘을 주는 아내가 되라 · 191
하고 싶은 일을 하게 하라 · 194
현명한 내조란 · 199
내일을 준비하라 · 202
잔소리란 마약과도 같은 것 · 206
남편의 일을 존중하자 · 211
무리한 야심은 실패의 지름길 · 214
희망을 꺾으면 미래도 없다 · 219
용기있는 사람은 자신에게 정직하다 · 221
사랑에도 노력이 필요하다 · 223
오만하고 완고한 태도를 버려라 · 229
잘못을 인정하는 자세 · 233
고민과 싸워 이겨라 · 237
창조적인 정신으로 자신을 계발하자 · 240
목표가 있다면 철저하게 준비하라 · 244
현재 자신의 일에 열중하라 · 247
인생은 기쁨으로 즐기는 것 · 252

자신의 일을 사랑하라

어떤 일이든지 그 일에 대한 내용을 폭넓고 자세하게 알면 알수록 우리들은 보다 나은 성과를 올릴 수 있다.

내가 지금 무슨 일을 하고 있는가, 그 일에 있어서 나의 가치는 무엇인가를 깨닫는 것은 참으로 중요하다.

하나의 다리를 건설하기 위해 교각을 쌓아올리는 인부의 마음을 예로 들어보자.

자신이 하고 있는 일이 단순히 시멘트 거푸집을 만드는 일이라고 생각하는 마음과 역사에 남을 기념비적인 다리를 만드는 일에 참여한다고 생각하는 마음에는 천양지차가 있다.

전자의 경우에는 하루하루가 짜증나는 고된 일상으로 다가올지도 모른다. 그러나 후자의 경우는 자신이 역사적인 일에 참여하고 있다는 자부심을 가질 수도 있는 일이요, 또 언젠가는 후손들이 내가 만든 이 다리를 건너다닐 거라는 행복감도 있을 것이다.

지금 일하고 있는 당신의 마음은 이 둘 중 어느 타입인가?

자신이 하고 있는 일을 거대한 시계의 톱니바퀴처럼 기계적인 것으로 하찮게 생각하는 사람들이 있다. 그것은 자신의 가치, 일의 가치를 깨닫지 못하기 때문이다.

자신의 일에 대하여 깊은 애정을 느낀다면 그 영역을 확대하거나 노력하지 않고는 배기지 못할 텐데도 말이다.

벤저민 프랭클린은 소년 시절에 어느 조그만 비누공장의 사원으로 일한 적이 있었다. 거기에서 그가 맡은 일은 겉으로 보기에는 실로 보잘것없었다.

그러나 그때 프랭클린은 공장에서 비누가 만들어지는 전 공정을 일목요연하게 파악함으로써 그 중의 한 공정을 담당하고 있던 자신의 일에 대한 가치를 확인했다고 한다.

또 언론인인 아이다 터벤은 5백 마디의 문장을 쓰기 위해 무려 3~4주간이나 열정적으로 자료를 모았다고 한다. 물론 그 자료가 모두 글을 쓰는 데 동원된 것은 아니었다.

하지만 많은 자료를 모으며 자연스럽게 얻은 지식은 그녀에게 영감과 활력을 안겨주었고, 거기에 자신의 학식과 권위를 보태 안심하고 글을 쓰곤 했다고 한다.

일에 열중하기 위한 여섯 가지 행동지침

1. 자신의 일에 대하여 폭넓게 공부한다.

2. 목표를 정하고 그것을 추구한다.

3. 날마다 자신을 격려한다.

4. 남을 도우려는 마음을 갖는다.

5. 일에 열중하는 사람들과 사귄다.

6. 안 되면 열심히 하는 척이라도 하라. 그러면 자연스럽게 열중하게 된다.

헛된 두려움을 버러라

58세의 한 여성은 이렇게 말한다.

"나는 지금 혼자입니다. 남편도 세상을 떠났고 아이들도 모두 내 곁을 떠나갔습니다. 나는 이제 얼굴 가득 주름살만 새겨진 늙어 가는 불쌍한 여자에 불과합니다. 지금 나에게는 아무런 희망도 목표도 없습니다."

28세의 한 청년은 이렇게 말한다.

"나는 미래를 설계하여 나름의 인생을 살아갈 나이가 된 것 같습니다. 하지만 세상은 희망찬 내일을 살려는 나를 혼란에 빠뜨리고 있습니다.

범죄와 질병이 언제 나를 덮칠지 모릅니다. 또 핵폭탄의 위협은 언제 내 삶의 공간을, 아니 온 지구를 통째로 날려보낼지 모릅니다.

내일을 알 수 없는 이런 세상에서 무슨 노력이며, 무슨 목표가 필요하단 말입니까? 그저 되는 대로 살다가 운명이 다가오면 그렇게 끝내는 것이 좋겠다는 생각이 듭니다."

주변을 살펴보면, 이렇듯 부정적인 사고방식을 가진 사람들이 의외로 많이 있음을 알 수 있다. 하지만 그들이 깨닫지 못하고 있는 것이 있다.

나이든 여성의 경우, 그녀는 인간이 기본적으로 가지고 있는 삶의 권리를 스스로 포기하고 있다.

그것은 자신이 아무런 할 일이 없다고 여기는 것이다 그녀는 자신이 없어도 세상은 잘 돌아갈 것이니 나의 책임은 하나도 없다고 생각한다. 그리하여 함께 텃밭을 가꾸어 나가며 행복을 느껴야 할 주변의 여러 친구들을 불행에 빠뜨리고 있다.

그녀의 절망은 전염병과도 같다. 희망이란 백신을 맞지 않고 그녀는 그저 죽음만을 바라보고 있는 것이다.

청년의 경우도 마찬가지다. 그는 너무나 신경과민이 되어 있다. 세상은 언제나 위험으로 가득 차 있다. 인류 종말의 시간이란 것도 있으니 말이다.

하지만 그것은 현재와 미래만의 일이 아니다. 수억 년 전의 과거에도 멸망의 위협은 항상 있었다.

시베리아에 운석이 떨어져 수만의 동식물이 사라지기도

했고, 감기 바이러스만으로도 매년 수십만의 사람이 죽어갔다. 1차 세계대전으로 유럽은 피의 강물이 흘렀고, 2차 세계대전으로 전 지구가 아비규환이 되기도 했다.

이런 고난이 닥칠 때마다 사람들은 고통의 비명을 질렀지만, 그 반대로 생존에 대한 강한 욕구를 가지고 오늘의 발전된 문명을 이룩하였다.

인간의 삶은 개미와도 같이 항상 위험에 노출되어 있다. 하지만 이를 이겨내고 고난을 극복하는 사람들이야말로 진정 가치있는 삶을 산 사람들이다.

교통사고나 강도, 전쟁 등의 위험 때문에 아무 것도 할 수 없다는 것은 변명에 불과하다. 살아 있다는 것은 도전한다는 것이고, 이는 곧 삶을 사랑한다는 것이다. 헛된 두려움으로 자신을 포기하고 방기한다면, 그 사람은 오늘 이 순간도 존재할 가치가 없다.

부정적인 사고방식을 버리자. 적극적으로 오늘을 개척해 나가면 행복한 내일이 있다.

카네기 지침

'앞길에 어떤 운명이 기다리고 있는가. 그것을 묻지 말고 앞으로 나아가라. 그리고 대담하게 자신의 운명을 맞이하라.'

이 말은 오래된 격언이지만 그 속에는 인생의 풍파를 헤치고 넘어서는 알맹이가 있다.
운명을 겁내는 사람은 운명에게 먹히고, 운명에 몸을 던지는 사람은 운명이 길을 비켜준다.

용기는 커다란 힘

 살아가면서 행동이 필요할 때가 있다. 그런 때를 자칫 놓쳐버리면 우리들은 더 많은 시간을 기다림으로 보내야만 하는 처지에 몰리기 십상이다.

 어떤 문제에 직면하여 그 문제를 세밀하게 분석하고 검토하여 최선의 대책을 세우는 것이 중요하다. 그러나 그럴 시간이 없을 때가 있다. 즉, 과감히 행동부터 먼저 해야 할 때가 있다는 뜻이다.

 그런 행동의 기회를 잃어버리고 변명하는 사람들이 종종 있다. 그들은 만일 잘못되었을 경우 주변의 손가락질을 두려워하는 부류들이다. 그래서 그들은 될 수 있는 한 자신의 책임을 회피하고 중요한 결단의 시기를 우물쭈물 연기해 버리기 일쑤이다.

 하지만 그런 머뭇거림이 다가온 문제를 해결해주지는 않

는다. 오히려 더욱 악화시킬 뿐이다. 그리고 그 과정 속에서 자신에게 다가오는 긴장과 근심은 스스로의 몸과 마음을 멍들게 한다.

우리는 모두 두려움에 휩싸여 있다. 따라서 그것을 극복해야만이 승리의 결과물을 얻을 수 있게 된다.

쓸데없는 근심 걱정을 쓸어버리자. 이렇듯 감연히 일어나는 과정을 우리는 용기라고 부른다.

시어도어 스타인컴프는 어린 시절 동네의 힘센 골목대장에게 몹시 시달림을 받았다. 그 아이는 걸핏하면 시어도어를 놀리고 때리며 돈을 빼앗는 등 행패가 이만저만이 아니었다.

몸집이 작았던 그는 골리앗처럼 커다란 몸집의 그 녀석을 도저히 이길 수가 없었다.

그가 밖에만 나가면 항상 그 아이가 뒤쫓아왔다. 그러고는 매일같이 그를 괴롭혔다. 그 아이에게는 그 일만이 세상을 사는 즐거움인 것 같았다.

시어도어는 두려움에 떨면서 어떻게 하면 그 고통에서 해방될 수 있을까 생각했다. 마침내 그가 얻어낸 결론은 밖에 나가지 않고 집안에 틀어박혀 있는 것이었다.

그러던 어느 날이었다. 시어도어는 아버지에게 용돈을 받았다. 마당의 잔디를 깎은 것에 대한 일종의 상금이었다.

아버지는 그의 머리를 쓰다듬으며 그 돈으로 좋아하는 영화를 보든지 아이스크림을 사먹으라고 말했다.

하지만 대문 밖은 공포의 세계였다. 그래서 그는 다음에 영화 구경을 하겠다고 대답했다. 그때 아버지가 고개를 갸웃거리며 물었다.

"시어도어, 어디가 아픈 거니?"

"아니에요. 그냥 가고 싶지 않아요."

시어도어는 이렇게 얼버무리고는 방안으로 뛰어들어갔다.

그 다음날이었다. 그날도 하루 종일 집안에 있던 그는 해질 무렵이 되자 혼자 몰래 구슬치기나 하려고 대문 밖으로 나갔다. 그런데 길 건너에서 그를 괴롭히던 골목대장이 기다렸다는 듯이 모습을 드러내는 것이 아닌가.

시어도어는 화들짝 놀라서 집안으로 뛰어들어갔다. 겁에 질려 숨이 멎을 것만 같았다. 바로 그때 아버지와 눈이 마주쳤다.

"시어도어, 웬일이야. 왜 그렇게 뛰어들어오는 거지?"

"아, 아니에요. 그냥 숨바꼭질하는 중이에요."

이렇게 변명하는 순간, 밖에서 골목대장이 큰 소리로 불렀다.

"야, 나와, 임마. 바보 같은 자식아!"

그 순간 아버지는 모든 사정을 알아차렸다. 사랑하는 아들 녀석이 저 어린 협박자 때문에 집안으로 생쥐처럼 쫓겨 들어온 전후 사정을……. 그는 말없이 아들을 응시하더니 이렇게 말했다.

"시어도어, 저 녀석이 그렇게 두려우냐? 그렇다면 내가 해결 방법을 가르쳐주지. 자, 여기 회초리가 있다. 나에게 회초리로 맞을 테냐, 아니면 저 녀석과 한번 싸워볼 테냐, 선택은 네 자유다."

이 말을 들은 시어도어는 망설였다. 무시무시한 골목대장의 얼굴이 어른거렸다. 하지만 아버지의 회초리도 마찬가지였다. 선택의 고통으로 시어도어는 몸이 떨렸다.

순간 아버지의 회초리가 바람을 갈랐다. 시어도어는 아픔에 펄쩍 뛰면서 문밖으로 뛰쳐나갔다. 그러고는 의기양양해서 집으로 돌아가려는 골목대장에게 달려들어 주먹을 날렸다. 불의의 일격을 당한 녀석은 땅바닥에 나동그라졌다.

골리앗이 쓰러졌다. 용기를 얻은 시어도어는 쓰러진 녀석의 위로 덤벼들었다. 그리고 엎치락뒤치락 싸우기를 한참, 결국 이 싸움은 이야기를 듣고 달려온 동네 사람들에 의해서 끝났다.

여기에서 승자는 누구였을까? 물론 시어도어였다. 물리적으로는 감히 승패를 가릴 수 없었지만, 용기라는 커다란 힘이 있었기에 이길 수 있었다.

훗날 그는 이때의 이야기를 다음과 같이 술회했다.

"그 싸움은 내 소년 시절에 가장 즐거웠던 기억으로 남아 있습니다. 거기에서 나는 잊을 수 없는 진리를 배웠기 때문입니다. 현실에서 도피하려 하지 말라. 남자답게 공포와 맞서 싸워라. 그것을 나는 아버지의 회초리로부터 배웠던 것입니다."

망설이지 말아야 할 때

어떤 결단을 내린다거나, 행동하는 능력은 복잡한 세상을 살아가는 데 있어 반드시 필요하다. 그런데 그 행동하는 능력은 때때로 위험에 처한 자신을 방어하는 데에 있어서도 결정적인 무기가 된다.

우리의 삶은 끝없이 평탄하게 흘러가지만은 않는다. 소설처럼 발단이 있고 전개가 있으며, 위기가 닥친 뒤에 하나의 맺음이 이루어진다.

그런데 위기에 직면하여 어떤 결과가 맺어질지는 누구도 쉽게 예측할 수 없다. 파국이 될 수도 있고, 새로운 시작이 될 수도 있기 때문이다.

그런 때가 되면 우리는 그때까지 배우고 겪은 숱한 경험과 지식을 총동원하여 어떤 가능성을 도출해내고 그 결론에 따라 행동으로 옮기게 된다.

그것이 과연 옳은 판단이냐 아니냐는 확신할 수 없다. 단지 최선이었느냐 아니냐로만 이야기할 수 있을 뿐이다. 하지만 우리가 보다 많은 상황을 설정하고 대처하는 훈련을 쌓는다면 패배보다는 승리 쪽의 확률이 높을 것은 분명한 이치다.

때로는 신중한 사고나 분석을 요구할 수 없는 급박한 상황이 벌어지기도 한다. 그런 순간이 닥치면 우리는 경험에서 비롯된 맹렬한 행동 외에는 아무런 선택을 할 수가 없다.

주춤거려서는 안 된다. 허리띠를 졸라매고 앞만 보며 달려야 한다. 이런 상황에서의 생각이란 불합리하다. 그저 본능처럼 움직이면서 다음의 몸짓을 준비해야만 하는 것이다.

생각인가, 행동인가. 우리가 마주치는 위기는 그 두 가지 사이에서 선택을 강요한다.

이처럼 결과가 과정을 증명하기도 하는 경우가 종종 있다. 변화무쌍한 상황이 언제 우리에게 닥칠지 모르므로 다음의 말을 깊이 음미하도록 하자.

'세상의 모든 일은 기한이 있고 이루어지는 시기가 있다.
날 때가 있으면 죽을 때가 있고, 씨를 뿌리면 거둘 때가 있다. 병이 나면 나을 때가 있으며, 웃을 때가 있고 울 때가 있다.
지킬 때가 있으면 버릴 때가 있으며, 사랑할 때가 있으면 미워할 때가 있고, 싸울 때가 있으면 평화로울 때가 있다. 그

러므로 생각할 때가 있으면 행동할 때가 있다.'

다음은 사태에 대한 예리한 분석보다는 즉각적인 믿음과 행동이 더 필요했던 사례이다.

알 비숍은 크리스마스 무렵 휴가를 얻어 아내와 세 살짜리 딸을 차에 태우고 덴버로 향했다. 실로 오랜만에 얻은 즐거운 자유의 시간이었다.

끝없는 황야 사이로 난 포장도로를 따라 비숍은 아름다운 자연을 감상하면서 가벼운 마음으로 핸들을 움직였다. 밤낮 없이 일에 시달리다가 자연을 찾아 떠난다고 생각하니 절로 콧노래가 흘러나왔다.

그런데 밤이 되자 갑자기 하늘에 먹구름이 몰려오더니 폭설이 쏟아지기 시작했다. 곧 멈추겠거니 생각했는데 눈발은 점점 거세질 뿐, 도무지 멈출 기미를 보이지 않았다. 얼마 지나지 않아 세찬 눈보라에 길이 얼어붙어 오도가도 못하게 되어버렸다.

비숍 부부는 두려워졌다. 차에 기름을 남겨놓아야 했으므로 히터를 계속 켜놓을 수도 없었다. 서서히 살을 에이는 듯한 추위가 다가왔다. 그들에게 점점 죽음의 공포가 다가오기 시작했다.

그때 비숍은 자신과 가족들이 살아남기 위해 어떤 대책을 강구해야만 한다고 생각했다. 이대로 길 위에 있다가는 동사하기 딱 알맞았다. 하늘에는 폭설이 멎을 어떤 징조도 보이지 않았다.

비숍은 이런저런 궁리를 하다가, 지나쳐 오면서 농가를 한 채 보았던 것 같은 아슴푸레한 기억을 되살려냈다. 실낱 같은 희망으로 아내에게 그 집을 보았느냐고 물어보았다. 뜻밖에 그녀의 입에서는 잘 모르겠다는 대답이 흘러나왔다.

어디가 어디인지도 분간할 수 없는 황야에 고립된 상태, 사방에는 눈보라가 몰아치고 있었다. 그 농가를 찾아 대피하지 않는다면……, 한데 만일 그의 기억이 신기루를 본 것처럼 환상이라면…….

비숍은 망설였다. 그러다가 이내 결심을 굳혔다. 이대로 차안에 있으나 눈길을 헤매다 얼어죽으나 마찬가지였다. 그러나 살기 위해서는 그 어떤 가능성이라도 붙들어야만 했다. 그 상황에서 자신의 시야에 스쳐갔던 농가는 삶의 유일한 희망이며 가능성이었다.

그는 아이를 안고 지친 아내를 일으켜 걷기 시작했다. 한 걸음 한 걸음마다 고통스러웠다. 하지만 살아야만 한다는 일념으로 눈보라를 헤치고 걸었다. 그야말로 지옥의 문턱에서 빠져나오기 위해 몸부림을 치는 격이었다.

그렇게 불확실한 목표를 향해 걷기를 몇 시간. 그들은 마침내 구원의 불빛을 발견했다. 그 농가는 실제로 존재했던 것이다.

그곳에 도착해보니 비숍과 같은 자동차 여행자들이 몇 십 명이나 대피하고 있었다. 그들에게도 그 집은 구원의 장소였던 것이다.

 그때 비숍이 만일 자신의 기억을 의심하고 우물쭈물 행동을 유보했다면 결과는 뻔했을 것이다. 그러나 지체없이 행동한 덕택에 일가족은 생명을 건질 수 있었다.

카네기 지침

위기가 눈앞에 닥치면 기개있는 사람은 자신을 거점으로 싸운다.
그리고 작전 명령을 스스로 세우고 스스로를 지휘한다.
환난이란 기개있는 사람의 마음을 사로잡는다.
그것을 극복함으로써 자신의 참모습을 자각할 수 있기 때문이다.

모든 것을 함께 나누는 마음으로

뉴욕에서 사업을 하고 있던 자니 롤리 사장은 어느 날 아침, 아무런 경고도 없이 서류를 들고 찾아온 생면부지의 두 사람에게 회사를 빼앗겼다.

그들은 암암리에 주식을 사모아 실로 합법적인 절차를 통해 그의 회사를 접수해 버렸던 것이다.

롤리는 깜짝 놀라 고문변호사에게 달려갔지만 아무런 대책이 없었다. 노련한 기업 사냥꾼들에 의해 이미 모든 것이 완벽하게 처리되어 있었던 것이다.

그는 어깨를 축 늘어뜨리고 공장으로 가서 친구인 공장장에게 이 갑작스런 사태의 전말을 이야기했다. 그 다음 종업원들을 불러모아 회사의 주인이 바뀌었음을 알렸다. 그러고는 안타까운 마음으로 종업원들과 일일이 악수를 하며 작별인사를 했다.

종업원들은 그와 함께 땀흘리며 오늘의 회사를 일군 장본인들이었다. 그러기에 회사는 자신들의 삶의 터전이었으며 고향이었다.

또한 롤리 사장은 그동안 그들을 친구처럼 따뜻하게 대해 주었다. 때문에 그들은 눈물을 흘리며 잡은 손을 놓으려 하지 않았다. 하지만 사태는 돌이킬 수 없는 지경이었다.

그런데 놀랄 만한 사건이 일어났다. 퇴근 시간이 되자 전 종업원들이 모조리 보따리를 싸서 회사에서 나와버렸던 것이다. 그리고 다음날 아침 아무도 출근하지 않았다.

아침에 공장에 나온 회사의 새 주인들은 깜짝 놀랐다. 그곳에는 개미새끼 한 마리 얼씬거리지 않았다. 단지 주인을 잃은 기계만이 덩그렇게 놓여 있을 뿐이었다.

아무도 없는 공장, 단 한 개의 상품도 만들어지지 않는 공장을 본 그들은 당황할 수밖에 없었다. 오랜 공작 끝에 빼앗은 회사가 그들에게 이익은커녕 수십 배의 손해를 예고하고 있었기 때문이었다.

그들은 공장장을 찾아가, 봉급 인상을 약속하면서 종업원들을 설득하여 다시 공장의 기계를 돌아가게 해달라고 통사정을 하였다. 하지만 공장장은 냉정하게 대답했다.

"나는 당신들과 일할 수 없습니다."

그들은 몹시 난감해졌다. 공장의 기계나 회사의 등기서류 등등 모든 것이 그들 손에 있었지만, 어떻게 일을 해야 할지

전혀 몰랐다.

또 종업원들 전원이 출근하지 않아 도움받을 수 있는 형편도 아니었다. 종업원들은 이미 퇴직할 결심을 하고 실업보험금 지급을 신청해 놓은 상태였다.

다급해진 새 주인들은 롤리 사장에게 도움을 요청했다.

그러나 종업원들은 전 사장의 말도 듣지 않았다. 굶어죽는 한이 있어도 비도덕적인 기업 사냥꾼들과는 일을 하지 않겠다는 답변만이 되돌아왔다.

사실 종업원들의 본심은 자신들의 힘으로 회사를 다시 되찾겠다는 일념에서 비롯된 것이었다.

그러기를 5주일, 수입이 없어져버린 종업원들은 당장의 끼니를 걱정할 지경이 되었다. 그러나 파업의 타격은 새로운 주인들에게 더욱 강하게 불어닥쳤다.

그들은 아무 소득도 없는 상황에 점점 부풀어가는 회사의 각종 세금과 부대비용에 견딜 수 없는 처지가 되고 말았다. 생산이 없는 회사 꼴은 속 빈 강정이나 다름없었다.

마침내 그들은 항복하고야 말았다. 어느 날 갑자기 회사를 빼앗겼던 것처럼, 아무 조건 없이 합법적으로 롤리 사장은 회사를 되돌려 받았다. 그날부터 전 종업원들은 다시 회사에 출근하여 일하기 시작했다.

눈물겨운 종업원들의 파업이 없었다면 그 회사는 영원히 남의 손아귀에 넘어갔을 터였다.

롤리 사장에게는 아무런 힘이 없었다. 단지 과거에 착취하지 않고 나누는 마음으로 기업을 운영했던 양심만이 최고의 무기였다. 결국 그 양심이 극적인 승리를 안겨준 것이다.

그는 회사가 정상화된 뒤에 이렇게 회고하였다.

"과연 내가 그들의 지극한 사랑을 받을 자격이 있는 사람인지를 되돌아보았습니다. 정말 그 친구들에게 깊이 감사하고 있습니다. 세상에 나처럼 행복한 사람이 어디 있겠습니까? 저들 모두가 나의 소중한 친구니까 말입니다."

부도니 기업 합병이니 등등은 사업을 하는 사람들에게는 자다가도 놀라 깨어날 정도로 고통스런 단어들이다. 어느 날 갑자기 벌어지는 이러한 사태는 개인을 넘어서 한 회사를, 나아가 한 사회를 혼란과 고통 속에 빠뜨리곤 한다.

그런데 이러한 위기는 쉽게 예견되지 않는다는 데에 문제가 있다. 세상에는 공장의 기계를 열심히 돌리며 회사를 꾸려나가기 바쁜 사람들이 있는 반면, 커튼 뒤에서 남이 차려 놓은 진수성찬을 훔치려는 사람들이 있기 때문이다.

진실로 성숙한 사람들은 이런 위기가 닥치면 사람을 먼저 챙긴다. 외적인 재산이란 껍데기에 불과하다는 것을 일찌감치 깨닫고 있기 때문이다.

그들은 반드시 다시 일어선다. 인간이 얼마나 소중한 존재인지를 알고 있기 때문에 다시 일어설 수 있는 것이다. 반면에 그렇지 못한 사람들은 절망과 패배감으로 무너지기 십상이다.

돈은 결코 사람을 거두지 못한다. 그러나 사람이 있다면 돈이란 하나의 부수물처럼 얻어진다. 그러므로 사업을 하면서 진실한 인간관계를 꾸려가는 사람은 어려운 환경에서도 결코 실패를 두려워하지 않는다.

우리들은 종종 흥분한 나머지 정치인들은 모두 사기꾼이고 기자들은 거짓말쟁이며 재벌들은 문어 같다고 말한다. 노동자는 깡패이고 관리직은 그들의 피를 빨아먹는 거머리와 같다고도 말한다.

하지만 이런 표현은 자신이 얼마나 소극적인 존재인지를 보여주는 반증일 뿐, 아무런 의미도 담겨 있지 않다. 적극적으로 그들의 처지를 파악한다면 무의미한 적의가 얼마나 우둔한 것인가를 알게 될 것이다.

남을 공격하는 사람은 자신이 공격당하리라는 생각을 전혀 하지 못한다. 그러다가 완전하다고 믿는 자신이 타인에게 적의의 대상이 되고 있음을 깨닫게 된다면, 그는 심각한 고통과 절망감에 빠질지도 모른다.

미움으로 내뱉는 말은 증오지만, 사랑으로 이끄는 말은 충고라고 한다. 자신의 일처럼 타인의 환경을 따스한 눈길로 바라보고 배려하는 습관을 기르자.

웃는 낯에는 침을 뱉을 수가 없다. 오히려 더 밝은 웃음이 다가오는 게 순리이다. 이처럼 서로의 세계를 이해하려고 노력한다면 그 어떤 위기도 극복해낼 수 있다는 것은 우리가 어렸을 적부터 배운 기본적인 진실이다.

인간을 사랑하는 법을 떠올리며 살아가자. 진실한 마음들이 합치면 어떤 고난도 이겨낼 수 있다. 이는 곧 나누는 삶만이 성공한 삶이라는 뜻이다.

불신의 벽을 허물라

1944년. 버지니아 주의 웨스트포인트 출신으로 해군학교 학생인 딜 페리는 해양 실습차 어느 상선의 견습생으로 항해하게 되었다.

그 기간 동안 선원들은 그의 일거수 일투족을 평가하여 점수를 매기도록 되어 있었다. 그리고 페리는 일정한 점수를 확보해야만 장교로 임관될 수 있었다. 만일 낙제점을 받기라도 하는 날에는 곧장 사병으로 입대해야 할 판이었다.

때문에 페리는 배에서 가장 궂은 일을 도맡아 하면서도 불평 한마디 할 수 없는 처지였다. 그런 와중에 성실하게 갑판 생활을 하고 있던 그에게 고비가 닥쳤다.

그것은 선장의 태도 때문이었다. 경험 많은 선장은 당시 해군학교에서 시행중인 생도 실습 제도에 노골적으로 불만을 가지고 있었다.

풋내기들을 대충 교육시켜 배에 밀어넣으니 오히려 자신들의 일을 방해할 뿐이라는 것이었다. 때문에 선장은 해군학교에 관련된 모든 것에 대하여 적의를 품고 있었다.

선장은 때맞춰 배에 올라온 페리를 지독하게 혹사시켰다. 선원들에게 지시하여 쉴 새 없이 일을 시켰다. 잠시의 여유도 주지 않았다.

그것은 학대나 다름없었다. 선장은 무슨 수를 써서라도 페리를 하선시킬 요량이었다. 그러니 상대적으로 페리에게는 지옥 같은 생활의 연속이었다.

이런 실습도 실습이려니와 페리는 하루 여섯 시간의 학과 공부를 게을리 할 수도 없었다. 잠시라도 학업에서 눈을 떼면 학점에 상당한 타격을 받았다.

주어진 모든 상황은 자신에게 최악으로 치닫고 있었다. 며칠을 고민하던 페리는 중대한 결단을 내렸다. 선장과 담판을 짓기로 한 것이다.

어느 날 밤이었다. 모두가 잠든 사이 페리는 교과서를 끼고 선장실을 노크했다. 화난 듯한 선장의 목소리가 들려왔다.

"누구얏!"

"선장님, 저 페리입니다."

"들어왓!"

페리는 겁이 나서 가슴이 두근거렸지만 그렇다고 물러설 수도 없는 처지였다. 그래서 용기를 내어 선장실로 들어섰다. 페리를 본 선장은 다시 울화가 치미는지 두 눈을 부라리며 물었다.

"지금이 몇 신데……, 대체 무슨 일이야?"

페리는 얼굴이 빨개졌다. 그러나 일단 시작한 모험이었다. 그는 배에다 힘을 주고 입을 열었다.

"정말 귀찮게 해드려서 죄송합니다, 선장님. 공부를 하다가 문제 하나를 풀지 못해 이렇게 찾아왔습니다. 선장님은 경험이 많으시니까 이런 곤란한 문제쯤은 쉽게 해결해줄 수 있으리라 생각했습니다. 그래서 실례를 무릅쓰고 이렇게 찾아왔습니다. 좀 도와주십시오."

페리는 교과서의 문제를 펼쳐 보였다. 그러자 선장은 날카로운 눈길로 페리를 노려보더니 헛기침을 하며 말했다.

"에헴……, 그래. 어디 이리 줘봐."

이내 선장은 그 문제의 해답을 쉽게 가르쳐주었다. 페리가 적당히 선장이 풀 수 있는 문제를 제시했기 때문이었다.

이 잠깐 동안의 대화는 선장에게 드리워져 있던 두꺼운 오해의 장막을 거두는 계기가 되었다.

다음날부터 페리에게는 하루 몇 시간의 공부 시간이 주어졌다. 또 힘든 작업은 모든 선원이 함께 하라는 지시가 내려졌다.

마음이 열린 선장은 실제로는 아주 이해심 많고 따뜻한 사람이었다. 페리는 그에게서 많은 것을 배우고 터득할 수 있었으며, 마침내 훌륭한 해군 장교의 꿈을 이루게 되었다.

카네기 지침

위기에 적극적으로 대응하는 사람만이 성공에 다가갈 수 있다.
친절하고 관대한 마음으로 눈앞의 안개를 헤쳐나가야만 한다.
그것이 성공으로 가는 올바른 행동인 것이다.

여유있는 사람이란

 의사인 윌러드 크로슬리는 잊을 수 없는 학창 시절의 추억을 가지고 있다. 한편으로는 우습지만 감명 깊은 이야기다.
 대학 3학년 때의 어느 토요일이었다. 그는 얼마 전 유혹에 성공한 간호사와 데이트를 하기 위해 의과대 학장이 나오기로 되어 있는 약물학 특강 수업을 빼먹었다.
 마음이 조금 켕기기는 하였지만 금발의 아름다운 연인과 함께 할 시간을 생각하니 즐겁기만 했다.
 두 사람은 가까운 산으로 차를 몰았다. 숲 속은 전나무가 뿜어내는 신선한 공기로 가득했다. 나무 사이로 비집고 들어오는 햇살이 너무나도 신비로웠다.
 풀밭에 자리를 깔고 준비해간 점심을 먹은 두 사람은 나른하고 도취된 기분으로 이야기를 나누었다. 시간이 어떻게 흘러갔는지 알 수 없었다. 드디어 해가 뉘엿뉘엿 저물어갈 무렵이었다.

월러드는 분위기를 고조시키기 위해 낭만적인 시 한 수를 읊기 시작했다. 그리고 잠시 뒤에는 세상에서 제일 감미로운 키스의 시간이 다가올 순간이었다.

그런데 느닷없이 뒤쪽에서 마른 가지를 밟는 소리가 들려왔다. 깜짝 놀라서 뒤를 돌아본 월러드는 '아뿔싸!' 하며 속으로 비명을 질렀다. 거기에는 그날 자신이 강의를 빼먹은 학장님이 서 있는 것이 아닌가.

학장님은 강의를 마치고 딸과 함께 약초를 캐러 산에 올라온 것이었다. 그는 놀라 벌떡 일어섰지만 인사하는 것조차 잊어버렸다.

월러드가 어쩔 줄 모르고 엉거주춤 서 있자 학장님은 몹시 화가 난 표정을 지어보이고는 뚜벅뚜벅 두 사람 앞을 지나쳐 숲 속으로 사라졌다.

이제 그의 눈에는 금발의 미녀 따윈 안중에도 없었다. 단지 퇴학이란 두 글자가 눈앞에 어른거릴 뿐이었다. 의사가 되기 위해 공부했던 지난 3년 동안의 노력이 한순간의 방심으로 와르르 무너질 것이라 생각하니 아찔하기만 했다.

급히 대학 기숙사로 돌아온 월러드는 친구들에게 그간의 사정을 이야기하고 무슨 방법이 없을까 물어보았다. 그러자 친구들을 깔깔 웃으며 놀리기만 했다. 어떤 친구는 엄숙한 목소리로 이렇게 말하기까지 했다.

"그게 너의 운명이었나 보다. 의사는 너에게 맞지 않는다고 생각해라. 어쩔 수 없는 일 아니겠니."

윌러드는 가슴이 답답했다. 분명 그는 실수를 저질렀다. 자신이 학장님이라고 해도 여자를 만나기 위해 강의를 빼먹은 학생을 도저히 용서할 수 없을 것 같았다.

하지만 어쩌랴. 그는 무조건 용서를 빌 수밖에 다른 방법이 없다는 것을 깨달았다. 그래도 사죄가 받아들여지지 않으면 눈물을 머금고 학교를 떠나야만 하리라.

월요일 아침 일찍 그는 학장실 문을 두드렸다. 그리고 근엄한 표정을 지으며 앉아 있는 학장님을 향해 고개를 숙이고 더듬더듬 입을 열었다.

"학장님! 저…… 죄송합니다. 강의를 빼먹고…… 간호사와……."

윌러드가 말을 잇지 못하고 더듬거리자, 학장님은 고개를 들더니 갑자기 껄껄 웃으면서 이렇게 말하는 것이 아닌가.

"윌러드, 너무 걱정하지 말게. 나도 젊었을 때는 자네처럼 강의를 빼먹고 데이트를 한 적이 있었네. 어때, 그날은 재미있었나?"

세상에는 이처럼 여유있는 사람들이 있다. 그들은 과거의 자신을 잊지 않고 사는 사람들이다.

그들은 아무리 극단적인 상황에 처할지라도 유머러스한

마음을 잃지 않는다. 그런 따뜻한 인간애야말로 성공한 사람들이 갖춰야 할 최고의 미덕이다. 또 그런 성숙한 자세가 한 인간에게 잊지 못할 의미를 안겨주기도 한다.

카네기 지침

둥근 달걀이 도랑 위에
둥근 달걀이 떨어져버렸네.
임금님과 말과 임금님 부하가
모두 나와 깨진 달걀을 붙이려 했으나
원래대로 되지 않았다네.

이 동요에서처럼 과거는 원래의 상태로 돌아오지 않는다. 일단 톱밥이 되어버린 것은 톱질을 중지한다 해도 어쩔 수 없다.

멋진 사람들과 함께 하라

이 세상에는 멋있는 사람들이 참으로 많다. 그들로 인하여 우리의 삶은 가치있고 보람차다.

그것은 술자리에서 기분이 내킨다고 술값을 모조리 낸다거나, 칼날처럼 다린 새 양복을 입고 머리에 무스를 뿌려댄 그런 가공의 멋이 아니다.

진실로 멋진 사람들은 노약자에게 자리를 양보하는 청년, 거지에게 가진 돈을 다 털어주는 할머니, 힘든 물건을 함께 들고 계단을 오르는 학생의 목덜미로 흘러내리는 땀방울 같은 것이다.

그들은 자신의 사랑을 숨기지 않는다. 그리하여 타인에게서 사랑받을 수 있는 여유를 지닌다. 그렇기 때문에 그들은 자신의 현재를 올바로 바라보며 보다 나은 내일을 만들기 위해 꾸준히 노력한다.

물론 그 반대의 경우도 많다. 하지만 우리는 썩은 사과 하나 때문에 한 상자의 사과를 몽땅 쓰레기통 속으로 던지지는 않는다.

세상에는 사기꾼, 수전노, 주정뱅이, 강도 등등 이루 헤아릴 수 없을 정도의 악한들이 많지만, 그로 인하여 인류 전체가 썩었다고 단정하지 않는 것과 마찬가지다.

인간은 무한한 선의 가능성을 지닌 존재이다. 그 과정에서 지독한 고통을 느낄 때도 있다 믿었던 친구에게 배반을 당할 때도 있다.

그러나 그런 과정상의 오류는 완전하지 못한 인간의 발전적인 가능성을 증명해주는 중요한 밑거름이다. 부족하다는 것은 계속 채워 넣을 수 있다는 의미와도 같기 때문이다.

따라서 자신에게 부족한 것이 무엇인가를 심사숙고해보라. 모든 일은 분명 나의 손에 의해 시작되고 맺어진다. 내가 어떠한 생각, 어떠한 표정을 짓느냐에 따라 당면한 상황은 전혀 다른 모습이 될 테니까.

항상 자신의 책임을 직시하라. 모든 것은 나의 탓이다.

우리는 간혹 자신에게 불운이 다가오면 그 원인을 자신보다는 타인에게 돌리는 잘못을 저지른다. 자신의 미욱함보다는 타인의 악의를 우선 생각하는 것이다.

우리가 좀더 큰 세계를 꿈꾼다면 남의 눈에 있는 티끌보다는 분명 내 눈에 박힌 들보를 먼저 보려는 자세를 갖추어야만 한다.

'생각이 세계를 바꾼다.'라는 말이 있다. 타인에 의한 불운보다는 자신에 의한 행운을 생각하자. 그 순간부터 자신의 기품에서 멋이 만들어진다.

이제 인간에 대한 생각을 바꾸어보자. 나 자신의 선의를 일깨우고 타인의 선의를 껴안는 자세야말로 멋진 신세계를 이룩하는 본바탕인 것이다.

회계사였던 어보드는 2차 세계대전 때 징집되어 해군에 복무하게 되었다.

그런데 해군 당국은 총 한 번 쏘아보지 못하고, 기계에는 전혀 문외한인 그를 군함의 기관장으로 임명하였다. 그는 눈앞이 캄캄했다.

책상 앞에 앉아 세금 계산이나 급료 산정이나 하던 그가 어떻게 복잡한 기계를 관리할 수 있을까. 그는 비참한 기분으로 부하들에게 기계 조작법을 배우며 눈코 뜰 새 없는 하루하루를 보냈다.

매일같이 긴장의 연속이었다. 기계에 문제가 생기면 그것은 기관장인 그의 책임이었다. 그러나 그가 책임질 수 있을 만큼 아는 것이 하나도 없었다.

그는 금방이라도 기관이 폭발하여 구축함이 두 동강이 날까 봐 노심초사했다. 또 출동 시간에 맞춰 정비를 끝내지 못하면 어쩌나 걱정이 태산이었다. 하지만 경험 많은 부하들은 초보 기관장을 도와 노련하게 일을 처리해 나갔다.

그렇게 정신없이 시간이 흘러갔다. 얼마 후 작전이 성공적으로 끝나자 함장은 포상으로 전 기관병들에게 사흘 간의 상륙 허가를 내주었다.

오랜 시간 배 위에서만 생활하던 군인들에게 상륙 허가란 가뭄에 단비와 같은 것이었다.

어보드에게는 지나간 몇 달이 몇 년처럼 느껴졌다. 그는 깊은 한숨을 내쉬며 부하들을 불러모았다. 그러곤 기쁜 소식을 전하며, 말미에 그동안 느낀 자신의 진실한 소감을 보탰다.

"이렇게 특별휴가를 얻게 된 것은 오로지 여러분의 덕택입니다. 정말 감사합니다. 여러분의 협동심과 책임감, 그것들이 결합하여 타의 추종을 불허하는 우수한 기관부를 만든 것입니다."

그는 이렇듯 자신의 미흡함을 반성하면서 부하들의 노고를 치하해주었다. 사실 부하들은 그가 근심 걱정으로 속을 태울 때 자신들이 맡은 일들을 훌륭하게 처리했던 것이다.

그때의 경험은 그에게 커다란 깨달음을 주었다. '함께 해서 되지 않는 일은 이 세상에 아무 것도 없다.'는 것이었다.

그것은 곧 우리가 누군가의 도움이 필요하다고 생각할 때 손을 내밀 듯, 우리에게 손을 내미는 멋진 사람들이 우리 주위에는 너무나도 많이 있다는 자각이었다.

행복이란 공포에서 해방된 즐거움

'인간은 맛없는 음식물로 목숨을 지탱하며 단순하게 살아가는 동물이다. 그러나 하느님은 그런 인간에게 활기라는 선물을 주셨다. 그리고 뜨거운 흙을 밟아야 하는, 그 고통스런 순간을 견딜 수 있도록 기지와 풍미, 명랑함과 웃음, 향기 등을 주셨다.'

이는 영국의 목사 시드니 스미스의 말이다. 이처럼 즐거움이란 우리가 무슨 일을 하든지 고통을 잊고 활기차게 활동하도록 해주는 묘약이다.

비가 내리면 감미로운 음악이 떠오르고, 눈이 내리면 낭만적인 시가 생각난다. 허리를 구부리고 모를 심는 농부는 수확의 꿈을 꾸며 아픔을 잊고, 용광로의 열기에 땀흘리는 노동자는 자신이 만들어낸 강철이 멋진 건물의 뼈대가 된다는 생각으로 자랑스러워한다.

이러한 마음을 한마디로 표현한다면 그것은 바로 유쾌함이다. 유쾌함이란 우리의 몸 속에서 용해되어 갓 잡아올린 생선처럼 펄펄 뛰어 넘치는 생명력으로 변환된다. 그리하여 하루하루가 보람찬 결실의 기쁨이 되는 것이다.

그런데 사람들은 이런 보배로운 재산을 종종 풍족한 삶이라는 우스꽝스러운 목표를 대가로 쉽게 팔아 치워버리곤 한다.

그들은 돈을 벌기 위해, 명예를 얻기 위해, 권력을 움켜쥐기 위해 필사적이다.

진정한 즐거움은 그 모든 것을 쟁취하고 난 뒤의 일인 것처럼 여긴다. 그리하여 오늘도 내일도 자신의 몸을 학대하면서 살아간다. 이는 실로 불행의 완전한 모습이 아닐 수 없다.

인간의 행복이란 공포에서 해방된 즐거움이다. 그런데 자기 스스로 공포의 공간을 만들고, 그것을 감내하기 위해 사랑하는 많은 것들을 제쳐놓고 있다. 이때부터 비극은 시작된다.

우리는 수레바퀴처럼 끊임없이 반복되는 일에 매달려 있다. 하지만 그 모든 물결이 하나의 바다로 흘러가지는 않는다.

그 가운데는 성공적인 결과도 있고 실패도 있다. 그 속에서 우리는 인생을 배운다. 마치 어린아이들이 걸음마를 배우듯 돌부리에 걸려 넘어지기도 하고 백 미터를 단숨에 달려가기도 한다.

그런데 어떤 사람들은 일이 자신의 뜻대로 되지 않는다고 짜증을 내고 신경질을 부리며 하루를 시궁창 같은 마음으로 지낸다.

한순간의 실패를 만회하기 위해 자신을 비정상적으로 학대한다면 그야말로 일은 고단한 승부 겨루기가 되고 만다. 그 승부는 십중팔구 손에 쥐어지지 않는다. 결국은 다시 패배적인 심정이 되어 실패의 쳇바퀴 속에서 헤어나지 못하게 된다.

한순간의 잘못은 곧 잊어버려야 한다. 그날 그날을 충실하게 살아가려는 마음이어야만 한다. 그러하기에 당신은 스스로를 기쁘게 해줄 수 있는 유일한 존재임을 명심하도록 하자.

생활 구석구석에 행복은 있다. 그 행복을 자기 자신에게 되찾아주어라. 그것은 당신의 권리이며 중대한 책임이다. 왜냐하면 당신은 행복한 삶을 누려야 하고, 당신의 곁에 있는 사람들에게도 나누어주어야만 하기 때문이다.

그는 어렸을 때 성홍열에 걸려 한때 청각이 마비되었다. 여섯 살 때는 자기 집 창고에 불을 냈다.

그때 다행히 바람이 거꾸로 불어 옆집으로까지 번지지는 않았지만, 화가 난 아버지에게 혼찌검이 났다. 망신스럽게도 친구들이 보는 앞에서 아버지는 그를 채찍으로 때렸다.

그의 집은 몹시 가난했다. 그래서 그는 열두 살 때부터 돈을 벌러 나가야 했다. 그런데 애써 얻은 직장에서 실수로 또 불을 내어 쫓겨나고 말았다.

그후 그는 뉴욕의 빈민가에서 하루하루를 사과푸딩과 커피 한 잔이 나오는 5센트짜리 식사로 때우며 고달픈 생활을 이어나갔다.

그는 일생을 통하여 정규교육이라곤 단 석 달밖에 받은 적이 없었다. 하지만 초인적인 상상력으로 1863년부터 1931년까지 무려 천 가지 이상의 발명을 해냈다.

여섯 명의 자녀를 둔 아버지로서, 어떠한 곤경에 처하더라도 그는 즐거운 마음으로 흔들림 없이 자신의 길을 개척해 나갔다. 그리하여 그는 가난한 사람들의 희망이며, 용기 잃은 자들의 빛이며, 인간의 무한한 가능성을 일깨워준 위인으로 기억되었다.

이 사람은 누구인가?

바로 토머스 에디슨이다. 그는 자신의 75세 생일날 이렇게 말했다고 한다.

"인간의 즐거움을 위해, 자연을 이용해서 일하는 것이 나의 할 일이라고 생각합니다."

불가피한 것은 받아들여라

유명한 옥스피드 보드리언 도서관을 세운 알 보드레이는 영국군 장교로서 1차 세계대전에 참전하였고, 전쟁이 끝난 뒤에는 강화 사절단의 부관으로 파리에 파견되었다.

그런데 그곳에서 그는 이기적인 정치인들이 자국의 이익을 위하여 비밀외교 등 온갖 파렴치한 행동을 아무렇지도 않게 하는 것을 보았다. 그 모습을 본 뒤로 그는 전쟁이나 군대, 사회에 환멸을 느끼고 번민하게 되었다.

이때 그의 삶을 이끌어준 사람은 아라비아의 로렌스였다. 로렌스는 지쳐 있는 그에게 아라비아의 유목민들과 생활하라고 권하였다.

그리하여 보드레이는 문명을 등지고 북 아프리카로 가서 알라신이 있는 사하라의 유목민들과 함께 7년 동안 살게 되었다.

그는 낮에는 양치는 목동이 되었고 밤에는 아라비아인들의 천막에서 잠을 잤다. 그러면서 그들의 종교를 연구하였고, 훗날 저술하게 될 〈신의 사자〉라는 책의 자료를 수집하였다.

어느 날 아라비아인들의 마을에 열풍이 불어닥쳤다. 사하라 사막의 모래로 멀리 지중해를 건너 수백 마일이나 떨어진 프랑스의 론 강 유역까지 하얗게 만들 정도의 강풍이었다.

바람의 열기가 너무나도 극심해서 그는 머리털이 타버리는 듯한 느낌이 들었다. 마치 유리공장의 용광로 앞에 서 있는 것만 같았다.

그러나 알라신을 믿는 유목민들은 조금도 두려워하지 않았다. 단지 '맥도우브!'라고 소리칠 뿐이었다. 그 말은 이미 어떤 징조가 있었다는 뜻이었다.

그들은 코란의 가르침대로 불필요하게 흥분하지도 않았고 서둘지도 않았다. 하지만 열풍이 잦아들자 그들은 먼저 어린 양들을 도살하였다. 어미 양들을 구하기 위해서였다.

유목민들은 어미 양들을 물이 있는 남쪽으로 쫓아내고 나서 이렇게 말했다.

"그건 아무런 문제도 아닙니다. 모든 것을 잃을 뻔했는데 신의 도움으로 4할의 양을 살릴 수 있었으니까요. 우리는 다시 시작할 수 있습니다."

그는 아라비아인들과 함께 살면서 서구인들의 신경질적이

고 광적인 모든 행동들이 문명세계의 성급하고 긴박한 생활의 산물임을 깨달았다.

그는 사하라에 사는 동안 그 어떤 번민도 없었다. 단지 평온한 만족과 육체적인 행복만이 존재하고 있었다.

많은 사람들은 숙명론을 경멸한다. 하지만 우리의 마음이 움직일 때마다 인생이 하나씩 결정되어 가고 있음을 알고 있다.

따라서 아라비아인들이 알라신의 은총을 의미하는 '맥도우브'나 '기스메트'의 깊은 뜻을 헤아리도록 하자.

어쩌면 신비스럽게 들리기도 하겠지만 그 결론은 간난하다. 피할 수 없는 운명이라면, 그런 상황이라면 즐거운 마음으로 받아들여야만 한다는 뜻이다.

마음의 거울을 보라

사람은 누구나 한 가지 이상 나쁜 습관을 가지고 있다. 그것은 벗어버리고 싶지만 쉽게 몸에서 떨어지지 않는 티눈과 같다.

걸핏하면 신경질을 낸다거나, 양말을 벗어 아무 데나 던져 놓는다거나, 남의 일에 일일이 참견한다거나, 말끝에 욕이 붙어 다닌다거나, 힐끔힐끔 사람들을 훔쳐본다거나 등등 우리가 나쁜 습관이라고 이름 붙일 수 있는 것은 이루 헤아릴 수도 없다.

이런 습관들은 남에게 불쾌감을 줄 뿐만 아니라 당사자에게조차도 결코 유쾌한 기분을 주지 않는다. 애써 고치려 해도 잘 되지 않는다. 바로 이러한 점 때문에 우리는 나쁜 습관에서 벗어나는 것이 힘들기만 하다.

그러나 당신이 자신의 정신세계에 암종처럼 붙어 있는 나쁜 습관을 버리지 못한다면, 바로 그것 때문에 극적인 패배를 맛보게 될지도 모른다.

그러므로 거울을 보듯이 자신의 마음을 바라보고, 이 지독한 증세들을 퇴치하고야 말겠다는 각오를 다지지 않으면 안 된다.

자신의 허점을 직시할 때의 당신 마음은 괴롭고 어쩌면 환멸을 느낄지도 모른다.

그렇다고 무의식을 지배하고 있는 마음속의 악당과 정면 대결을 회피해서는 안 된다.

행복을 위협하는 그 허깨비 같은 존재를 향해 과감히 총을 뽑아라. 그리고 방아쇠를 당겨라.

나쁜 습관, 그것은 가까이 하기엔 너무 지독한 악취가 나기 때문이다.

의사인 제임스는 아주 좋지 못한 습관을 가지고 있었다.

의사들은 수술하러 갈 때마다 탈의실에서 수술복으로 갈아입는다. 그런데 그때마다 그는 지갑에서 지폐를 꺼내 둥글게 말아서 왼쪽 양말 속에 쑤셔넣고 수술실로 향하곤 하였다.

이런 습관은 그가 가난했던 인턴 시절, 한푼의 돈도 잃어버리지 않으려고 시작했던 나쁜 습관이었다. 그후 30여 년이 흘러 의사로서 성공하여 경제적으로 풍족해졌지만, 여전히 그 습관에 이끌려 다니고 있었다.

그러던 어느 날이었다. 그날도 무의식중에 양말에 지폐를 끼워 넣던 그는 함께 탈의실에서 옷을 갈아입던 동료 의사의 비웃는 듯한 시선을 느꼈다.

순간 그의 얼굴은 빨갛게 달아올랐다. 그동안 나쁜 버릇인 줄 알면서도 고치지 못한 그 짓이 그토록 미울 수가 없었다.

그는 이를 악물고 반드시 내 안에서 이 악마를 쫓아내고야 말겠다고 다짐하였다.

그러나 단지 순간의 맹세였을 뿐이었다. 다음 수술 때에도, 그 다음 수술 때에도 지폐 뭉치는 어김없이 그의 양말 속에서 고이 잠자고 있었다.

제임스는 갖은 방법을 다 동원했지만 수술실에 들어와 보면 어느새 지폐란 놈이 함께 따라와 있었다.

그의 습관은 이미 무의식의 세계를 정복하고 그 안에서 활개치고 다니는 것이었다.

그는 최후의 방법을 생각해냈다. 그것은 탈의실에 있는 자신의 사물함 문 안쪽에 거울을 붙여놓는 방법이었다.

그렇게 되면 그가 옷을 벗고 지갑에서 돈을 꺼내 양말에 찔러 넣은 다음 수술복을 입는 모습이 적나라하게 눈에 비칠 것이다.

실제로 그 일을 실행에 옮기자 수술복을 갈아입던 그는 거울을 통하여 자신의 우스꽝스러운 행동을 목격하게 되었다.

'얼마나 바보 같은 모습인가!'

'저런 바보가 또 어디에 있단 말인가!'

'저것은 진짜 내가 아니야!'

비로소 자신의 나쁜 버릇의 실체를 적나라하게 본 제임스는 허탈한 웃음을 지을 수밖에 없었다. 그리고 그 순간 악당은 보안관의 총에 맞아 쓰러져버렸다.

그리하여 제임스는 거울이라는 결정적인 도구의 도움으로 나쁜 습관을 버리게 되었다.

물론 여기에서 거울은 하나의 계기에 지나지 않는다. 제임스는 자신의 나쁜 습관을 인식하고 제거하려고 마음먹었을 때부터 그것을 이길 수 있는 정신적인 거울을 만들어가고 있었던 것이다.

자신만의 거울에 자신을 비추어 보라. 그리고 과감하게 먼지를 떨어버려라.

시간에 대한 집중력을 발휘하자

 당신의 힘은 행동 속에 있다. 행동으로 인하여 힘이 솟아나고 그로부터 행복의 물꼬가 터지는 것이다. 적극적으로 사람들과 사귀고 금전만능주의와 무관심, 고정관념과 맞서 싸워라.

 새로움에 대한 짜릿한 긴장감, 작은 목표를 달성했을 때 고동치는 심장의 흐뭇한 박동, 그런 것들이 당신의 행복을 고조시킨다. 산다는 것은 어쩌면 바로 그런 순간의 열정이 아닐까.

 당신에게는 주어진 시간이 있다. 하지만 그것을 길게 늘이느냐 짧게 마감하느냐는 오로지 당신의 마음에 달려 있다. 그것은 마치 고무줄과 같다. 당신의 두 손으로 양끝을 잡고 굳건한 근육으로 그 줄을 늘어뜨려라.

 인생에서 낙오하는 사람과 성공하는 사람에게는 분명한

차이가 있다. 그것은 자신이 쓰는 시간에 대한 집중력이다.

 어떤 사람은 아침에 일어나 텔레비전을 켜놓고 킬킬댄다. 그리고 신문을 보면서 물가가 올랐다는 기사를 보며 짜증을 부린다. 낮에는 극장에서 영화를 보면서 팝콘을 우적우적 깨물어댄다. 그러다가 밤이 되면 목로주점에서 취하도록 마시곤 지친 표정으로 침대로 기어 들어간다.
 어떤 사람은 필요한 프로를 볼 때만 텔레비전을 켜고, 신문에서 자신에게 도움이 되는 정보만을 스크랩한다. 영화를 보면서 거기에서 얻은 느낌을 글로 적어둔다. 침대에 누우면 하루의 일과를 정리하고 내일의 계획을 찬찬히 생각한다.

 이와 같은 두 부류의 차이는 간단하다. 시간을 낭비하고 있느냐, 가치있게 쓰느냐이다.
 전자에게 있어 하루는 아무런 의미 없는, 그저 킬링타임에 불과하다. 하지만 후자는 자신에게 주어진 모든 상황을 즐거움으로 만끽하고, 또 앞날의 자산으로 저축해 두고 있는 것이다.
 톨스토이는 이렇게 말한다.

 '인간은 자기 일에 몰두할 때 행복을 느낀다.'

또 스코틀랜드의 수필가이며 사학자인 토머스 카알라일은 이렇게 말한다.

"자신의 일을 발견한 사람은 이미 대단한 은총을 받고 있는 사람이다. 그는 더 이상의 욕심을 내서는 안 된다.
……아무리 사소한 일일지라도 거기에 열중하는 순간, 영혼은 순식간에 조화로운 경지에 다다르게 되는 것이다."

작은 꿈이 큰 소망을 이룬다

 사람이 사람답게 산다고 하는 것은 물론 도덕적인 기준도 있겠지만, 그가 얼마나 노력하는 삶을 사는가에 있다고 생각한다.

 노력이란 어떤 목표가 있을 때 가능하다. 따라서 올바른 삶을 사는 사람이라면 매일, 매주, 매달, 매년의 목표가 있다. 이에 비해 목표가 없는 사람은 꿈이 없으며, 자신이 왜 사는가에 대한 근본적인 인식이 없다.

 대충 하루하루를 보낸다는 것이 얼마나 비극적인지 누구나 알고 있다. 그렇다면 왜 비극적일까? 그것은 하나의 목표를 향할 때 함께 묻어나오는 행복, 보람, 사랑 등 긍정적인 모든 어휘들의 참맛을 느낄 수 없기 때문이다.

 그러므로 생각하는 사람에게는 분명 목표가 있다. 그것이 희미한 빛깔이든, 너무나 강렬해서 다른 사람의 눈에 금방

뜨이는 그런 빛깔이든 간에 그 목표는 일생 동안 그 사람의 그림을 그려낸다.

훌륭한 작품을 만들어내고는 이내 다른 그림을 시작하는 사람도 있다. 어떤 사람은 빛나는 목표를 달성하고는 지쳐 쓰러지기도 한다. 또 어떤 사람은 아직도 한 발자국 한 발자국 먼 정상을 향해 무거운 발걸음을 내딛기도 한다.

그런데 문제는, 많은 사람들이 작은 목표보다는 거창한 목표를 내걸고 달려든다는 점이다.

달리 말하면, 목표라는 것이 세상을 변화시킨다거나 위대한 결실을 이루어야만 되는 것으로 착각하고 있는 것이다. 그래서 그들은 소중히 다루어야 할 작고 아름다운 열매들을 하찮은 것으로 여기고 방기하게 된다.

큰 것은 작은 것들의 모음으로 이루어진다. 그것은 한 나라의 정책을 결정하는 대통령이라 할지라도 마찬가지다. 미국의 정치인들은 대부분 조그만 지방의회에서부터 출발한다. 그리하여 차근차근 더 큰 목표를 설정하여 나아간다.

우리가 목표로 삼고 이룰 수 있는 것들은 참으로 많다.

만일 당신이 십대 청소년이라면 야구를 익히는 것도 목표가 될 수 있다. 좋은 친구를 몇 명 사귈 것인가를 결정하는 것도 중요한 목표이다. 고리타분한 이야기 같지만, 수학 점수를 몇 달 안에 10점 정도 올린다는 목표 또한 훌륭하다.

성취감과 자신감을 안겨주는 목표라면 그것 자체로도 큰 힘을 발휘한다.

나이가 들면 일정한 재산도 목표가 될 것이고, 어떤 모험을 계획할 수도 있다.

취직을 위해 영어 단어를 하루에 몇 개쯤 외울 수도 있다. 그렇게 매일의 목표를 달성하고 나면 그것들이 모여 누구보다 더 영어에 능통한 자신을 발견할 수 있게 될 것이다.

만일 당신이 주부라면 가족들을 위해 맛있는 요리를 만들겠다는 목표를 세우라. 어쩌면 그 목표는 지극히 평범해 보일지도 모른다. 그러나 그것은 자신과 주변 사람에게 기쁨을 선사하는 아주 훌륭한 목표이다.

당신이 어떤 목표를 향해 순조롭게 나아가려면 자신을 위한 분위기를 스스로 만들어야만 한다.

작은 유혹이나 기분 때문에 마음이 어지러워진다면 곤란하다. 평정을 유지하고 언제나 방향 감각을 잃지 않도록 스스로를 다스리지 않으면 안 된다.

목표는 사소한 것이어도 아름답다. 사소한 목표일지라도 나태하고 안일한 일상으로부터 당신을 해방시켜주기 때문이다. 자, 편안한 마음으로 자신을 조절하고 최선을 다하도록 하자.

작심삼일作心三日의 목표라면 아예 세우지 않는 편이 낫다. 목표만 그럴싸하게 세워놓고 실천하지 못하는 일이 잦아지면 결국 실패를 체질화시키는 꼴이 되고 만다. 천리 길도 한 걸음부터, 이룰 수 있는 목표를 세워 차근차근 밟아나가는 것이 중요하다. 작은 목표가 큰 일을 이룬다는 말을 명심하자.

최악의 절망적인 상황을 이겨내고 생명의 밝은 빛을 전파했던 헬렌 켈러 여사는 방황하는 사람들을 위하여 이렇게 말했다.

"지금에서야 저는 여러분과 함께 인간의 무지가 가져다준 참혹함과 가난에 맞서 싸우게 되었습니다. 만일 지금의 이 현상을 타개하지 못한다면 어떠한 상황도 타개할 수 없다는 것을 몇 세기에 걸쳐 이어진 인류의 경험이 우리에게 알려주고 있습니다.

이제는 흰 백합처럼 열악한 환경에서는 깨끗하고 건강하게 살아갈 수 없는, 가냘픈 인간이 되지 않을 것입니다.

우리에게 가장 중요한 것은 어떤 환경이 필요한가가 아닙니다. 어떠한 생각으로 생활하는가, 어떠한 이상을 추구하고 있는가가 중요합니다.

한마디로 말하자면, 그 사람의 인품이 문제인 것입니다. 다음과 같은 아라비아의 격언을 기억해 주십시오. '네가 지금 서 있는 곳이 곧 너의 세계이다.'라는 말을 말입니다."

성공적인 삶을 위한 두 가지 교훈

1. 매일 매일의 목표를 가져라.

2. 현실로부터 도피하지 말라.

당신은 기계가 아니다

 당신은 기계가 아닌 인간이다. 그러므로 당신은 기계와는 달리 자신의 삶을 주관하는 존재이다.

 그 주관의 도구로 신은 당신에게 지혜를 주었다. 그것은 언제든지 자신의 뜻대로 자유롭게 사용할 수 있는 멋진 선물이다.

 그러므로 당신이 어느 정도 성공을 거두었거나, 거두기 위해서는 지혜롭게 자신의 시간을 사용해야만 한다. 그 시간 속에 언뜻 지나치는 것이 있다. 그것은 바로 여가이다.

 기계도 무리하게 작동하면 고장이 난다. 때문에 어느 정도 가동하면 엔진을 멈추고 열을 식혀야 한다. 또 윤활유를 주입하고 먼지를 털어주어야만 한다. 그래야만 더 오래, 더 정확하게 작업할 수 있다.

 하물며 사람은 어떠한가. 어떤 사람들은 일을 사랑한다는 미명하에 자신을 기계보다 못하게 다룬다. 그리하여 성공을 바로 눈앞에 두고 더 이상 나아가지 못해 지치고 멍든 몸을 한탄하며 눈물짓곤 한다.

왜 그럴까? 그것은 자신의 배터리를 충전해야 한다는 사실을 간과했기 때문이다.

그래서 여가는 소중하다. 미친 듯이 일에 몰두해야 비로소 그 잠시의 시간이 주어진다. 그 소중한 시간에 우리는 자신을 일깨우고 먼지를 떨어내고 즐겁게 영혼을 꽃피워야만 한다.

야구 경기를 관람하거나 등산을 할 수도 있다. 당구를 치거나 요리를 하거나 트럼프를 즐겨도 좋다. 도덕이나 윤리에 벗어나지 않는 한 당신은 자신을 정화시키기 위해 무슨 일이든지 해도 괜찮다.

하지만 한꺼번에 다 하려는 욕심을 부려서는 안 된다. 여러 가지를 하려다가는 집중력이 떨어지기 때문이다. 하나를 완전히 마치고 그 다음 단계로 들어가라.

여행을 하기로 했다면 여행만 하라. 쓸데없이 여행지에서 낚시나 바둑을 꿈꾸면 이도저도 안 된다.

차근차근 여가를 즐기다 보면 당신은 그 다음에 무엇을 할까 고민하지 않아도 된다. 그렇듯 시간을 소중하고 조화롭게 사용한다면 당신의 여가는 언제나 가치있는 빛깔을 띨 것임에 분명하다.

"나는 시간이 나도 할 일이 없어. 차라리 회사에 나와서 일하는 것이 더 낫겠어."

이렇게 말하는 사람은 분명 해고감이다. 놀지 못하는 사람은 일도 못한다. 자신의 시간을 올바로 쓸 줄 모르는 사람은 창조적인 생각을 할 수 없기 때문이다.

우연한 성공이란 없다

 우리는 어릴 적 숟가락질이 서툴러 밥을 흘리곤 했다. 그러나 오랫동안 숟가락질을 하였기 때문에 지금은 국물 한 방울도 바지에 적시지 않게 되었다.

 버스를 타는 일도 마찬가지다. 처음에는 요금을 어떻게 지불하는지, 어떻게 운전사에게 내가 정류장에서 내려야 한다는 뜻을 표현하는지 몰라 콩콩 뛰는 가슴을 달래기도 했다. 그러나 이제는 아무런 거리낌없이 버스를 오르내리게 되었다.

 더 근본적인 것을 말하면, 인간이 처음부터 두 발로 걷지 못했다는 점이다. 하지만 오랜 세월을 거쳐 노력한 끝에 인간은 그 목표를 달성하였다. 그것은 우연이라고 말할 수 없는 위대한 진화였다.

 인간은 이처럼 지구상의 그 어떤 존재보다도 창조적인 뿌리를 갖고 살고 있다. 그런 피를 이어받은 우리가 어떤 일에 있어서 무비판적으로 접근한다는 것은 참으로 안타까운 일이 아닐 수 없다. 구태의연한 사고방식, 그것은 발전을 저해하는 심각한 정신 상태이다.

우리는 그런 정신의 나태를 뛰어넘어야만 자신이 원하는 목표를 이룰 수가 있다.

우리가 아는 성공한 사람들 대부분은 일찍부터 창조적인 눈으로 세상을 바라본 사람들이다. 그들은 부정적인 요소를 끊임없이 제거하고 새로운 에너지를 받아들이면서 꿈을 향해 나아갔다.

그러므로 값진 미래를 위해서는 일찌감치 계획하고 과감하게 시도하는 버릇을 길러야만 한다. 이 세상에서 내가 할 수 있는 일을 찾아 전진해야만 하는 것이다.

우리는 어린 시절, 왠지 모르게 성인의 세계를 두려워해 왔다. 그러나 성인이 되면 좀더 현명해지려고 노력한다. 그 뒤로 나이가 더 들면 안락함보다는 원숙함을 그리워하게 된다.

이런 일련의 과정은 하루하루의 성실함으로부터 쌓여간다. 잠깐의 실패는 이 커다란 장정에 비하면 아무 것도 아니다.

불안과 회한의 감정을 과거로 날려보내야 한다. 나는 어떠한 고통이나 굴욕쯤은 감내할 수 있는 존재라는 자신감을 가져야 한다.

그렇다고 인생을 아주 단순하게 살라는 뜻은 아니다. 현실 속의 자신을 받아들이되, 끊임없이 새로운 자신을 일깨우라는 뜻이다.

 우리는 보편 타당한 자기 평가 위에서 자신의 능력을 확장시켜야만 한다. 그 시기는 빠를수록 좋다. 왜냐하면 시간은 그 누구도 기다려주지 않기 때문이다.

 간혹 자기 평가를 거치면서 자아도취에 빠지는 사람들이 있다. 그러나 그것은 환각의 세계이지, 결코 현실이 아니다.
 자신의 진짜 얼굴을 객관적으로 바라보라. 그리고 그것이 부정적일지라도 절대 외면하지 말라. 그 순간부터 당신의 마음이 열린 것이기 때문이다.

환각의 세계를 뿌리쳐라

 다음의 이야기는 현실적인 인간으로서의 능력을 잊어버리고, 환각의 세계에 빠져든 우리 모두의 자화상 같은 카네기의 고백록이다.

 내가 열일곱이 되던 해는 너무나도 무더웠다. 그해 여름 나는 브루클린의 코니아일랜드에서 오렌지주스를 팔면서 찌는 듯한 더위에 질식할 지경이었다. 손님이 없는 틈을 타 카운터 뒤에 숨어서 오렌지주스를 퍼마시기도 했다.

 일을 시작한 첫 주에 8달러를 벌었다. 나는 뱃속에 가득한 오렌지주스를 출렁이면서 부리나케 가게로 가서 담배를 한 갑 샀다.

 어린 시절 담배를 피우는 어른들을 보면 그렇게 멋있을 수가 없었다. 희뿌연 연기를 후우 하고 내뿜고 나서 손가락으로 재를 톡톡 터는 모습은 마치 꿈속에 거닐고 있는 듯한 느낌을 주었다.

드디어 담배를 마련한 나는 온갖 기대감으로 담배에 불을 붙였다. 그러곤 마음껏 연기를 들이키고 내뱉었다. 목구멍이 타는 것만 같았지만 꾹 참고 필터가 타들어갈 때까지 마치 구도자의 심정으로 그 일을 계속했다.

결국 나는 몽롱한 눈빛으로 몇 번이나 구역질을 했다. 하지만 담배로 인해 창백해진 얼굴을 거울에 비추어보면서 얼마나 자랑스러웠는지 모른다. 한밤을 쓰린 속 때문에 잠을 못 이루었지만 그저 흐뭇하기만 했다.

당시까지 담배는 내 생활의 일부가 분명 아니었다. 그러나 나는 헛된 공상 속에 그 환각의 연기를 품에 안았다. 나는 모든 것이 연기가 되어 사라질 때까지 계속 담배를 피워댔다. 그리고 이제는 아무런 뜻도 없이 버릇처럼 그것을 피우고 있다.

카네기 지침

이상은 우리 마음속에 있다.
동시에 이상의 달성을 가로막는 여러 가지 장애 또한 우리 마음속에 있다.

자기 확신을 가져라

 사춘기의 한 소녀가 있었다. 그녀는 흔히 배우는 피아노 연주라든가 재봉틀 돌리는 일, 요리 등에 자신감이 없었다.
 어릴 적 부모로부터 손재주가 없다는 말을 들으면서 자랐기 때문에 자연스럽게 자신은 그런 일을 못하는 아이라고 생각하면서 자라났기 때문이다.
 그녀는 친구들이 피아노를 칠 때나 재봉틀로 옷을 만들어 입는 모습을 보면 부러움에 잠기곤 했다. 그리하여 그녀는 점차 자학적인 기분이 들었다.
 "나는 왜 이렇게 손재주가 없을까?"
 "나는 아무 것도 못하는 계집애야. 정말 쓸모없어."
 이런 자기 비판은 점점 커가면서 안타깝게도 다른 분야에까지 확대되었다. 공부할 때도 그랬고 일할 때도 마찬가지였다. 손재주에 대한 절망감이 머리를 쓰는 일에까지 확장되었던 것이다.

그녀는 무슨 일을 하든지 자신감이 없었다. 언제나 실패에 대한 공포심이 먼저 다가왔다. 점점 자포자기의 심정에 빠져들던 그녀는 우연히 카네기를 만나 광명을 찾았다.

카네기는 부모의 잘못으로 소극적이고 패배주의에 빠져 있던 그녀에게 적극적인 사고방식을 불어넣어 주었던 것이다.

카네기가 그녀에게 해준 마법의 주문은 단지 다음과 같은 몇 마디뿐이었다. 그런데 그녀는 왕자를 만난 잠자는 숲 속의 공주처럼 한순간에 눈을 뜨게 된 것이었다.

"당신을 가장 잘 아는 사람은 당신뿐이다. 부모라고 해서 모든 것을 알 수는 없다. 남의 말을 맹신하여 자신을 포기해서는 안 된다. 자기 확신을 가지고 강하게 밀어붙인다면 어떤 소망이라도 이룰 수 있다."

이 말에 힘을 얻은 그녀는 자신을 재평가하기 시작했다. 의욕과 정성만 있다면 못할 것이 없다는 믿음이 그녀를 지배하기 시작했다.

그리하여 적극적으로 자신을 계발해간 그녀는 누구보다도 진취적인 여성으로 성장했다. 어른이 되어서는 직장생활은 물론 연애까지도 성공적으로 해냈다.

그리고 어린 시절 고통의 함정이었던 피아노와 재봉, 요리도 어느 누구 못지않게 잘 해내게 되었다.

카네기는 또 학교에서 문제를 일으키는 친구의 열다섯 살 먹은 아들을 만난 적이 있었다. 부모와 선생님들은 그 아이 때문에 골치를 썩고 있었다.

그 아이는 불량서클에 가입하여 매일같이 말썽을 일으켰다. 물론 그 문제의 본질은 부모에게 있었다.

이혼한 친구는 아이와 함께 생활하고 있었는데, 어릴 때 어머니와 헤어진 아이는 아버지는 물론, 부모가 있는 다른 학생들에게 깊은 증오심을 품었다.

카네기는 불신에 가득한 눈으로 세상을 보고 있는 그 아이에게 다음과 같이 말해 주었다.

"너는 자신을 돌아보아야만 된다. 아마 너는 자신을 가망이 없는 사람으로 생각하고 있을 거야. 하지만 내가 보기에 너는 성공할 가능성을 누구보다도 많이 가지고 있다. 네가 다른 친구들을 괴롭히거나 문제를 일으킬 때 보면 증오심이 있으니까 말이다.

증오심이란 좋은 말로 하면 오기라고도 하지. 오기란 곧 남에게 지기 싫어하는 감정이야. 그것이 쌓이면 결국 성공하지 않겠니?

한데 그 오기에서 남을 미워하는 증오심을 제거하지 않는다면 성공은 결코 너에게 오지 않을 거야.

증오란 날카로운 칼과 같아서, 잘 쓰면 모두에게 이롭지만 자칫하면 주위 사람들은 물론, 자기 자신까지도 피를 흘리게 하는 것이거든. 그걸 참고 이겨내야만 비로소 네가 마음속 깊이 원하는 것을 얻을 수 있어."

마음에 체념을 가지고 있는 사람들은 대개 자신의 성안에서만 살아가려고 한다.
마음에 증오를 가지고 있는 사람들은 타인의 아름다운 꽃병을 깨뜨림으로써 만족을 얻으려고 한다.
그들은 그런 판단이 잘못된 것이라는 것을 누구보다 잘 알고 있다. 하지만 그들은 자포자기적인 심정으로 자신의 고집을 지키려고 한다. 그리하여 그런 자신에게 다가오는 충고 따위는 일고의 가치도 없다고 생각하기 일쑤이다.
카네기는 그런 마음에 따스한 격려를 해주었다. 아이가 가지고 있는 것이 부정적인 것이 아니라 잘못 쓰여지고 있음을 일깨워주었을 뿐이다.
자신에 대한 부정적인 믿음 속에도 진실이 있다는 것을 알게 되면 그들은 비로소 해방의 기쁨을 맞게 된다. 어둠의 세계에서 빛의 세계로 뛰쳐나오게 되는 것이다.
물론 이 과정은 쉽지 않다. 하지만 자신이 나아갈 길을 쟁취하여 행복하게 되는 일은 결코 불가능한 것이 아니다.
힘들면 주변의 누군가에게 도움을 요청하라. 그들은 즐거운 마음으로 당신의 성벽을 허물어줄 것이다.

카네기 지침

내가 보아온 성공한 사람들은 모두가 늘 명랑하고 희망에 가득 차 있는 사람들이었다.
늘 웃으며 일을 해나가고, 생활 속의 변화가 즐거운 것이든 슬픈 것이든 항상 남자답게 당당히 맞이하는 사람들이었다.

실패한 과거를 잊자

 우리의 생활은 단순한 놀이가 아니다. 때로는 쌀이 떨어지고 교통비조차 없는 비참한 지경에 빠질 때도 있다. 눈물이 날 정도로 고통스런 하루하루가 이어질 수도 있다.

 실패를 딛고 일어서는 일은 필연적인 운명과도 같다. 어떤 경우가 닥치더라도 실망을 뿌리치고 실현 가능한 일에 도전해야만 한다.

 그것은 나이와는 아무런 상관이 없으며, 목표가 있는 사람은 사막에서도 물을 구할 수 있다.

 직장에서 해고되었다든지 사업에서 실패했을 때 당신은 실의에 빠져 자리에 누워버릴 수도 있다. 초조감, 자책감으로 모든 것을 잊기 위해 자살을 생각할지도 모른다.

 그런 때는 무슨 일을 해도 잘되지 않는다. 형편이 좋았을 때는 간이라도 빼줄 듯하던 사람들이 당신을 외면할 것이며,

지나가던 개도 당신을 향해 짖는 것 같은 느낌이 들 것이다. 당신은 이런 모든 악조건을 감내해야만 한다.

지금 당신이 기대할 수 있는 것은 오로지 자신뿐이다. 삶의 울타리 안에 있는 당신은 스스로 활기찬 정열을 불러일으켜야만 한다. 자신을 책망하고 미워해서는 아무 일도 되지 않는다.

우선 당신은 실패한 과거를 잊어야만 한다. 깨끗하게 말이다. 이제 무에서 다시 시작하는 것이다. 어쩌면 실패의 기억조차 존재하지 않는다고 생각해야만 한다.

실패는 결코 성공으로 변신하지 않는다. 그 실패의 기억이 당신의 억울한 심정을 위로하지도 않는다. 아무 것도 달라질 것이 없다. 그것을 되새기고 안타까워하면 할수록 상처만 덧날 뿐이다.

모든 것을 잊어버린 텅 빈 백지 위에 '희망'이란 두 글자를 적어 넣어라. 희망은 당신에게 트인 세계를 보게 해준다.

누구나 혼자이지 않은 사람은 없다. 그러나 희망이 있는 사람은 결코 혼자가 아니다.

실패를 다스리는 세 가지 방법

1. 과거의 성공을 되새겨라.
그것이 남 보기에 보잘것없는 것이라도 괜찮다. 실패가 아닌 성공을 생각하게 되면 긍정적인 에너지가 샘솟는다. 승리의 기억은 아무리 절박한 환경에 처해 있을지라도 자신에게 믿음과 호감을 준다.

2. 과거의 행복했던 순간을 회상하라.
그때에도 고민이라든가 불만은 분명히 있었다. 하지만 분명 행복했었다. 그렇다면 지금은 어떠한가? 고민이나 불안의 크기가 좀 달라졌을 뿐이다. 그러므로 그때보다 조금만 더 노력하면 행복해질 수 있다. 지금 당신이 터뜨리고 있는 불평 불만이란 실로 하찮고 의미 없는 것이다.

3. 여유로운 마음으로 산책을 하라.
맑은 공기, 나무의 푸른 속삭임은 당신에게 생명력을 불어넣어 준다. 새로운 사고를 하게 하고 의욕을 샘솟게 만든다.
그 자연의 순수함 속에서 진정한 자신의 참모습을 바라보라. 그리고 다시 나아갈 목표를 생각하라. 이어서 다시금 출발선상에 선 마라톤 선수와도 같이 폐를 생생하게 정화시켜라.

잘못된 관념을 뒤집어라

 세상 사람들의 마음속에는 많은 불행이 담겨 있다. 그것은 분명 부정적인 사고방식에서 비롯된 것들이다. 그러므로 우리가 행복해지기 위해선 그것들을 긍정적인 사고방식으로 변환시켜야만 한다.

 이 과정은 어떤 면에서는 전쟁과도 흡사하다. 정의의 전쟁, 평화와 행복을 이끌어내기 위한 내 안의 갈등인 것이다.

 사실 이런 잘못된 관념들을 우리 몸 속에서 추방시키는 것보다 더 중요한 것은 없다. 그것들은 우리들의 목표를 변질시키고 실패의 늪에 빠뜨리려 하는 어둠의 자식들이기 때문이다.

 만일 그 전쟁에서 패배한다면 결과는 실의와 혼돈뿐이다. 다른 사람들이 환한 세상에서 웃고 있을 때 당신은 골방에 틀어박혀 음울한 넋두리나 하고 있을 것이다.

 사람들이 가지고 있는 부정적인 사고방식은 참으로 다양

하다. 그런데 그 부정적인 사고방식이 고정관념으로 굳게 박혀 있으면 아무 일도 하지 못한다.

매우 고상하고 합리적인 삶을 살아가는 인물조차도 그러하다. 자신의 불합리한 고정관념에 대하여 아무런 의심도 하지 않고 끌려 다닌다. 그들은 또 타인에 대하여는 자비와 동정을 아끼지 않으면서도 정작 자신에 대하여는 무자비한 태도를 취하곤 한다.

이런 경우를 나는 성형외과 의사인 아내의 경험에서 무수히 보아왔다.

수많은 환자들은 그녀의 수술로 정상적인 모습이 되었다. 그러나 그들은 겉모습이 정상으로 되었건만 여전히 외모에 대한 열등감을 버리지 못했다. 수술이 완전하게 되었는데도 이상하게 자신의 열등감에 대한 병적인 집착을 보이는 것이다.

뺨에 커다란 화상자국이 있던 여성이 수술 후 아주 말끔한 미인이 되었다. 그러자 항상 사람을 만나면 뒤로 숨기에 바빴던 이 여성은 예전과 달리 매우 활기찬 생활을 했다.

하지만 그녀의 마음 한구석에는 여전히 대인관계가 실패할 것이라는 잠재의식이 자리하고 있었다.

외모가 말쑥하게 바뀌었어도 항상 실패를 거듭했던 과거의 버릇을 버리지 못했다. 그런데도 그 여성은 그런 상태를 잘못된 것으로 생각하지 않았다.

당신이 창조적인 생활을 하려면 이런 부정적인 최면 상태에서 벗어나야만 한다.

최면이라고 하면 너무 과격한 말인 것 같지만 실상은 그렇지가 않다. 사람들이 가지고 있는 고정관념이란 어지간한 충격으로는 끄떡도 하지 않는 힘을 가지고 있기 때문이다.

그들의 고정관념에 대한 맹신은 불행한 경험과 어리석은 지식에 힘입어 세월이 갈수록 더욱 견고해진다. 그리고 그 결과는 비참함뿐이다.

당신은 자신이 지금까지 살아오면서 가치있는 일을 하나도 하지 않았고, 또 앞으로도 그럴 능력이 없으므로 자신을 쓸모없는 인간이라고는 생각하고 있지 않는가?

잘못을 저질렀으므로 그 죄값으로 고생을 하는 것이 당연하다고 생각하는가?

사랑하는 여인을 잃어버렸기 때문에 인생이란 아무런 의미도 없다고 생각지는 않는가?

그런 고정관념이 당신을 병들게 하고 성공의 길목을 차단하고 있다. 당신은 비극의 주인공이 아니다. 행복한 삶을 살아가야 할 사람이다.

최악의 적인 부정적인 사고를 최고의 친구라고 오해하지 말라. 당신 자신을 지켜주는 것은 오로지 긍정적인 사고방식뿐이다.

별을 보는 마음으로

'레몬이 있으면 주스를 만들어라.'

이 말은 시어스 로버트 회사 사장인 줄리어스 로젠월드란 사람의 좌우명이다. 이 말은 우리가 모든 것을 잃고 단 하나의 레몬만이 남아 있을 때 어떻게 하겠느냐는 물음에 대한 답변이다.

현명한 사람은 극단적인 불행에서도 교훈을 얻으려 한다. 현재의 상태를 보다 좋은 것, 가치있는 것으로 바꾸려는 마음을 다진다.

어리석은 사람은 단 하나의 레몬을 땅바닥에 내팽개친다. 그리고 세상을 원망하고 좌절한다.

'나는 망했어. 이젠 아무런 기회도 오지 않겠지.'

그러나 그는 그 순간 자신이 하나의 기회를 내팽개쳐버렸다는 것을 깨닫지 못한다.

 인간이 지닌 가장 놀라운 힘은 손해를 이익으로 바꾸는 능력이다.
 델마 톰슨 부인은 그 힘을 증명해 보인 강인한 여성이었다.
 2차 세계대전이 터지자 톰슨 부인의 남편은 캘리포니아 주의 모하비 사막에 있는 육군 훈련소에 배속되었다. 때문에 그녀도 함께 그 지역으로 이사갈 수밖에 없었다.
 그러나 사막지대는 그녀에게 절망감을 안겨주었다. 그녀의 눈에는 도저히 사람이 살 데가 아닌 것처럼 보였다. 선인장 그늘 아래도 45도가 오르내리는 폭염, 눈을 뜨기조차 힘든 모래바람, 더군다나 사람이라곤 낯선 멕시코인들과 인디언들뿐이었다.
 그들과는 말도 통하지 않아 그녀는 남편이 출근하고 나면 집안에 틀어박혀 있을 수밖에 없었다.
 실로 지옥 같은 나날이었다. 그녀는 참을 수 없는 심정으로 아버지에게 편지를 썼다. 더 이상 이런 곳에 살 수 없으니 제발 어떻게든 도와달라는 내용이었다.
 그런데 며칠 후 도착한 아버지의 답장은 다음과 같은 단 두 줄뿐이었다.

 '두 사람이 감옥에서 창 밖을 바라보았다.

한 사람은 진흙탕을, 다른 한 사람은 별을 보았다.'

 이 말이 그녀에게는 빛이 되었다. 그녀는 이 말을 몇 번이고 외우면서 그동안 진흙탕만을 보았던 자신이 부끄러워졌다. 그러자 별이 보이기 시작했다.
 그녀는 우선 가까이 사는 원주민들과 친해지기 위해 노력했다. 그러자 얼마 지나지 않아 놀라운 일이 벌어졌다.
 주민들은 친구가 된 그녀에게 전통 도자기와 직물 등을 아무런 대가 없이 선물로 주었다. 관광객들이 비싼 값을 불러도 내놓지 않던 물건들이었다.
 그녀는 시간 나는 대로 모하비 사막의 생태계를 관찰하며 돌아다녔다. 그러다 보니 사막이 참으로 아름답다는 것을 깨닫게 되었다. 오랫동안 지는 해를 바라보기도 하고, 조개화석을 주우며 행복에 잠기기도 하였다.
 모하비 사막은 톰슨 부인이 처음 도착했을 때처럼 여전히 폭염과 모래바람 속에 있었다. 하지만 그녀는 아버지의 편지를 받고 새로운 세계를 바라보게 되었다. 그녀 스스로 만든 감옥의 창문을 통하여 별을 보았던 것이다.

오해와 질시에 초연하라

 캐나다의 재스퍼 국립공원에는 아메리카 내륙에서 제일 아름답다는 카벨 산이 있다.
 이 산의 이름에는 특별한 의미가 있다. 그것은 1915년 10월 12일 독일군에게 총살당한 영국의 간호사 에디스 카벨의 업적을 기리기 위해 그녀의 이름을 붙였기 때문이다.
 카벨은 2차 세계대전 당시 벨기에에 살고 있었다. 독일군이 벨기에를 점령했을 때 그녀는 동료들과 함께 맹렬한 지하 저항 운동을 하였다.
 그들은 또 포로수용소에서 탈출한 병사들과 격추된 비행기에서 탈출한 연합군 조종사들을 숨겨주었을 뿐만 아니라, 그들이 폴란드로 탈출하도록 도와주었다.
 그러던 중 그녀는 독일군에게 발각되어 간첩 혐의로 체포돼 총살형을 받게 되었다.

운명의 10월 12일 아침, 브뤼셀에 있는 포로수용소에 수감되어 있던 그녀에게 영국 군목軍牧이 찾아왔다. 세상을 떠나기 전 마지막 예배를 마친 그녀는 군목에게 다음과 같은 유언을 남겼다.

'나는 애국심을 바치는 것만으로는 충분치 않다고 생각합니다. 지금 나는 그 누구도 증오하지 않습니다.'

조국의 해방을 위하여 싸웠지만 이제는 자신을 죽음으로 몰아넣는 독일군조차 용서하겠다는 의미였다.
그리고 그녀는 조용히 죽음을 맞이하였다. 그리고 4년이 지난 후 그녀의 유해는 영국으로 이송되어 웨스트민스터 사원에서 추도식이 거행되었다.
지금도 런던의 국립초상화미술관 앞에는 그녀의 동상이 세워져 있는데, 거기에는 그녀가 마지막으로 남긴 유언이 새겨져 있다.

누군가를 용서하고 잊어버리는 가장 확실한 방법은 자신의 명확한 주장과 사상을 갖는 것이다. 그렇게 되면 자신에게 다가오는 모욕이나 적의 따위는 아무렇지도 않은 듯이 웃어넘길 수 있다.
우리가 어떤 뚜렷한 목표를 향해 나아가노라면 어쩔 수 없이 경쟁하는 상대가 나타나게 마련이고, 그 장애물을 넘어야만 그 목표를 달성할 수 있다.

그런 와중에서 생기는 오해와 질시, 비판 등에 초연하지 않으면 그 성공은 아무런 가치가 없게 될는지도 모른다.

사실 우리가 적을 증오하게 되면 그 순간부터 적에게 힘을 주는 결과가 된다. 증오심은 그 마음을 품은 사람의 육체까지도 파괴하려는 속성을 가지고 있다.

적들은 우리가 그들을 증오하고 있다는 사실을 알게 되면 대단히 기뻐할 것이다. 왜냐하면 우리가 스스로를 고통 속에 몰아넣고 있음을 그들은 잘 알고 있기 때문이다.

다음 글은 밀워키의 경찰본부에서 발행하는 〈경찰홍보〉지에 실린 내용이다.

'만약 어떤 이기적인 사람이 당신을 이용하려 든다면 그 사람과 상대하지 않으면 그만이다. 그러나 자신을 이용하려 했다고 해서 보복하려 들면 안 된다. 보복하려 든다면 상대방보다도 오히려 자신이 손해를 입게 되는 경우가 대부분이다.'

원수를 사랑하기는 힘들지만 용서할 수는 있다. 적을 향하여 화살을 쏘기보다는 보다 튼튼한 마음의 방패를 드리우면 되는 것이다.

실패의 체험이 없다면 창조도 없다

 사람들에게는 자신도 모르게 무의식중에 발동하여 자신의 향상성을 꺾어버리는 요소들이 있다.
 즉, 향상성이 인간의 성공을 가속시킬 수 있는 요소이지만, 우리는 패배를 가속시키는 힘을 가진 강력한 부정적인 요소도 지니고 있다는 뜻이다.
 부정적인 요소란 바로 욕구불만, 공격성, 불안, 우유부단, 원한, 공허감 등등의 실패기제들을 말한다. 이것들이 한데 모여 성공과 행복으로 가는 우리를 세뇌하고 가로막고 공격한다.
 이들의 정체를 파헤치고 광명 정대한 빛으로 말살해 버리도록 하자. 그것은 힘들지만 가치있는 싸움이다.

 사람들은 소중한 목표를 달성하지 못했거나 기본적인 욕구를 만족시키지 못했을 때 욕구불만을 느낀다. 그만큼 인간은 불완전한 존재이고, 우리가 살아가는 이 사회는 복잡다단해서 그런 충동을 항상 자극하게 되어 있다.

이런 욕구불만이 만성이 되면 우리 자신을 항상 실패의 제물로 삼는다.

당신이 요즘 짜증이 자주 나고 뭔가 불만스러운 것이 있다면 자신을 냉정하게 돌아보라.

혹시 만성적인 욕구불만에 빠져 있는 것은 아닌가? 그렇다면 그 원인은 자신에게서 찾아야 한다.

목표가 너무 높지는 않은가?

심한 자기 비판에 빠져 목표로 향하는 과정이 시연되고 있는 것은 아닌가?

누군가에게 기대고 싶은 심약한 마음을 가진 것은 아닌가?

이제 그 불평 불만을 삭이고 과거에 이루었던 성공의 길에서 그 방법을 찾아보도록 하자.

그렇다면 불평 불만의 원인은 무엇일까?

첫째, 욕구불만이다. 이 욕구불만이 극한으로 치달으면 공격적인 모습으로 변신한다.

방향이 잘못된 공격성은 결코 진지를 함락시키지 못한다. 그러므로 그것은 다시 욕구불만을 잉태하는 패배의 악순환 고리를 만드는 것이다.

사람이 공격적이 되면 선악이나 상하를 가리지 않는 미친

개와도 같은 심성이 나타난다. 이유 없이 아무 사람에게나 화를 내고, 집에서는 멋모르는 아이들을 야단치곤 한다.

또 직장에서는 동료들을 모함하여 만족감을 얻으려 한다. 이러한 행동은 자신의 가까운 관계들을 모조리 파괴하지 않으면 멈출 생각을 하지 않는다. 그 결과는 한 인간의 멸망이다.

둘째, 정서가 조화롭지 못할 때 불안이 생겨난다.

그 원인은 무엇인가 미흡한 느낌, 목표를 이루지 못할 것 같다는 조바심, 자신의 능력에 대한 의심 등이다.

이런 경우는 실현 불가능한 것에 기대를 품고 일을 추진해 나가는 사람들에게 종종 나타난다. 그들은 일찌감치 자신을 비판해서 실패에 대한 면죄부를 얻으려고 애쓰기도 한다.

자신을 의심하면 불안해진다. 그 불안감이 자연스럽게 실패를 가져다주는 것이다.

셋째, 우유부단한 마음이다. 이것은 어떤 중요한 결정을 망설이게 만든다.

한마디로 확신이 없는 것이다. 이런 유형의 사람들은 자신이 안전하다고 믿으려 애쓴다. 그리하여 적극적인 행동으로 일어나는 변화를 두려워하는 것이다.

그는 어떤 선택으로 말미암아 편안한 현재의 상태가 깨어질 수도 있다는 생각에 사로잡혀 있다. 때문에 사소한 결정에도 오랫동안 고민하여 귀중한 시간을 흘려보낸다.

이렇듯 확신이 없는 사람들은 온몸을 던져 일에 투자하지 못한다. 그 엉거주춤한 상태가 성공의 발목을 붙잡고 있다.

넷째, 자책의 틈에서 배어 나오는 맹목적인 원한이다.

일종의 자신에 대한 기만이다. 자신의 실패의 원인을 극복하려 하지 않고 남에게 전가하는 마음이기 때문이다.

그것은 또 다른 사람에게 반감을 일으키고 증오의 연쇄 반응을 불러온다. '내 탓이오.'가 아니라 '네 탓이오.'라는 이런 마음가짐은 열등감과 함께 어우러져 실패의 중앙선을 질주하게 만든다.

자신의 모든 결정과 행동에 책임을 지고, 보다 명확한 목표를 향해 다가가야만 실패의 악순환에서 벗어날 수 있다. 자신을 존중하고 자신의 실상을 똑바로 보도록 노력해야만 한다.

다섯째, 공허감이다.

어느 정도 성공한 듯이 보이는데도 욕구불만이나 원한, 불안과 고독으로 확신을 하지 못하고 공격적인 사람이 되는 이들도 있다.

왜 그럴까? 그들은 진정한 성공의 바탕이 갖추어지지 않은 상태에서 외면적인 목표를 달성했기 때문이다. 그러므로 그 성공은 진정한 성공이 아니다.

창조적인 목표가 달성된 것이 아니라 우연히 돈이 찾아온 것일 뿐이다. 그런 가짜 성공이 마음속에서 갈등을 일으키는 것이다.

그들은 돈이 있어도 어떻게 써야 할지를 모른다. 여행을 가도 술을 마셔도 빈 가슴을 채울 수가 없다. 왠지 나의 것이 아닌 것이 내게 와 있는 것만 같다.

이런 알 수 없는 죄의식은 창조적인 사고를 막아버린다. 그리하여 당신을 실패의 길로 인도하게 된다.

이런 실패기제와의 싸움에서 승리하려면 우선 당신은 욕구불만에 기인한 공격성이나 원한의 방향을 바로잡아 고독감이나 공허감을 견뎌내는 훈련을 해야만 한다.

실패의 원인이 결코 실패기제의 작용이 아니라는 확신을 가져야만 한다. 그리하여 그 여러 가지 부정적인 것을 긍정적인 쪽으로 전환하는 계기로 삼아야만 한다.

실패의 체험이 없이는 창조도 없다. 실수를 탄식하지 말라. 인간은 누구나 완전하지 않다. 그러므로 쓸데없는 죄의식에서 벗어나 누구보다 강한 자신이 되도록 노력해야 한다.

강한 사람은 자신의 잘못을 인정하고, 자신에 대해서도 관대하다. 그런 바탕에서 성공의 본능을 인생이란 유장한 흐름 속에 용해시켜 나가야 하는 것이다.

카네기 지침

비록 낙심하고 실망하여, 이미 레몬에서 레몬즙을 짜낼 희망조차 없어졌다 해도 그 현실을 과감하게 딛고 일어서야 한다. 그래야만 다음과 같은 소중한 것을 얻게 된다.

첫째는 성공할지도 모른다는 기대감이다.

둘째는 만일 성공하지 못하더라도 결점을 장점으로 바꾸려고 노력함으로써 언제나 앞을 바라보게 되고, 뒤를 되돌아보지 않게 된다는 점이다.

셋째는 소극적인 생각이 적극적으로 바뀐다. 아이디어가 샘솟듯 나와 너무나 바빠지게 되므로, 이미 지나가 영원히 잃어버린 것을 슬퍼할 여유마저 없어지기 때문이다.

몇 번을 넘어지더라도

위대한 극작가인 조지 버나드 쇼는 젊었을 때 몹시 소심해서 사람들 앞에 나서기를 꺼려하는 성격이었다.

친구의 집을 찾아가서 문도 두드리지 못하고 20분 이상 템스 강변을 서성거릴 정도였다.

그러던 어느날, 그는 자신의 소심함과 수줍음, 공포를 이겨내야만 인생의 목표를 이룰 수 있다는 것을 깨달았다. 그리고 가장 확실하고 신속한 방법을 찾아냈다.

그것은 많은 토론회에 참석하는 것이었다.

쇼는 런던에서 공개토론 모임이 있다는 소식을 들을 때마다 그것이 어떤 모임이든 달려갔다. 그리고 조심스럽게 사람들에게 자신의 의견을 피력하기 시작했다.

마침내 자신의 단점을 극복한 쇼는 사람들의 마음을 끌어당길 수 있다는 자신감을 얻게 되었으며, 사람들 앞에 서서 여유있게 유머를 펼칠 수 있게 되었다.

어떻게 청중을 상대로 설득력있는 이야기를 할 수 있게 되었는지를 묻는 기자에게 그는 이렇게 말했다.

"그것은 우리가 스케이트를 배우는 것과 같은 이치입니다. 몇 번 넘어지더라도 부끄러움을 이겨내고 연습을 계속하는 것이지요."

우리가 사람들 앞에서 이야기할 수 있는 기회는 참으로 많다.

술자리라든가 주일학교에서 학생들을 가르치는 것도 하나의 방법이다. 보이스카우트의 지도자로 나설 수도 있고 전문 분야의 클럽에 가입하는 것도 좋다.

말로 표현하지 않으면 사람들은 당신이 어떤 타입이며 어떤 생각을 가지고 있는지 아무도 알지 못한다. 그렇게 되면 어느 누구도 당신에게 도움을 주지 못할 것이다. 꿈이 있으되 두려움을 가진 사람이라면 모험 정신으로 부딪쳐야만 한다.

그리고 가능한 한 당신이 가지고 있는 모든 기회를 활용해야만 한다. 물 속에 들어가지 않으면 수영을 배울 수가 없듯이 당신이 그들의 앞에 서지 않으면 그들을 이끌어갈 수가 없다.

당신을 지켜주는 것은 자신을 가르치는 힘과 직감임을 명심하라. 그 모험 정신을 체험하는 사람만이 실패에 대한 두려움을 떨쳐버리게 될 것이다.

연단 공포증을 극복하는 네 가지 마음가짐

1. 대중 앞에서 말하지 못하는 사람은 당신뿐만이 아니다.
조사에 의하면 화술을 전문적으로 배운 학생들도 대부분 연단 공포증에 시달리고 있다.
성인들도 마찬가지다.

2. 어느 정도의 연단 공포증은 자연스러운 현상이다.
낯설고 생소한 환경에 접하면 심장박동이 빨라지고 얼굴이 붉어진다.
하지만 이런 현상은 외부의 자극에 대한 몸의 준비 상태를 증명하는 것이다.
당신이 자신감만 갖는다면, 당신은 환경에 쫓기기보다 그 환경을 지배할 수 있게 된다.
그리하여 신속하게 머리를 써서 이야기를 할 수 있을 것이다.

3. 전문가들에게도 연단 공포증은 있다.
그들 역시 정신적으로 시달리는 정도는 아니지만 약간의 흥분을 하곤 한다.
자만하지 않는 겸손한 사람이라면 누구나 그렇다.

4. 연설을 두려워하는 가장 중요한 이유는 습관이 되어 있지 않기 때문이다.
연설은 몹시 생소한 경험이므로 처음에는 누구나 불안과 공포심을 갖게 된다.
당신이 운전이나 테니스를 처음 배울 때도 그렇지 않았던가?

작은 성공으로부터 시작하라

 저명한 연설가인 알버트 위컴은 고교 시절 5분 정도의 암기도 제대로 못할 만큼 자신감이 없는 인물이었다.
 언젠가 그는 교장선생님과 학생들 앞에서 '아담도 제퍼슨도 이미 이 세상에는 없다.'로 시작되는 장문의 글을 외워서 발표하게 되었다. 그래서 그는 며칠 전부터 그 내용을 입이 닳도록 달달 외우고 또 외웠다.
 그런데 막상 발표장에 서자 위컴은 떨기 시작했다. 그리고 일어서기도 전에 얼굴이 발그레하게 열이 오르고 무슨 말을 해야 할지 갈피가 잡히지 않았다.
 가까스로 연단에 오른 그는 그만 이렇게 잘못 말하고 말았다.
 "아담도 제퍼슨도 죽고 말았습니다."
 그러곤 머릿속이 온통 백지 상태가 되었다. 잠시 동안 우물쭈물하던 그는 하는 수 없이 인사를 하고 자기 자리로 돌아와 앉았다.

　순간 장내에 폭소가 터져나왔다. 그러자 교장선생님이 웃으면서 이렇게 말했다.

　"알버트 군, 정말 슬픈 뉴스를 전해줘서 가슴이 아프구먼. 하지만 우리는 그런 슬픔을 참고 견뎌내야만 하지 않겠나?"

　그 말을 들은 위컴은 죽고만 싶었다. 쥐구멍이라도 있으면 들어가고 싶은 심정이었다. 그런 그가 훗날 최고의 연설가가 된 것은 실로 우연한 기회였다.

　세월이 흘러 어느덧 대학을 졸업한 그는 하는 일도 없이 빈둥대고 있었다. 당시 정계는 은회의 자유 주소법에 대한 찬반논쟁으로 뜨거웠다.

　그것은 위컴도 매우 관심을 기울이던 분야였다. 일찍이 그는 은화 자유 주조 찬성론자들의 팜플렛을 읽고 공감하였기 때문에, 반대론자들에 대해 매우 화가 나 있는 상태였다.

　마침 고향 인디애나에서 건전한 화폐에 대한 연설회가 열린다는 소식이 들려왔다. 그는 자신의 소신을 밝히는 연설을 하고 싶은 뜨거운 열망에 사로잡혔다.

　그 당시 여비조차 없었던 그는 시계를 전당포에 맡긴 돈으로 열차를 타고 연설회장으로 달려갔다.

　그곳에는 많은 청중들이 모여 있었다. 학교 친구들도 있었다. 연단에 올라가 입을 연 그는 문득 고교 때의 환상이 떠올랐다. 교장 선생님의 얼굴, 폭소를 터뜨리던 친구들의 얼굴이 화살처럼 스쳐갔다. 갑자기 공포가 엄습해 왔다.

그때부터 약 5분 동안은 무슨 말을 했는지 모를 정도였다. 하지만 5분 정도가 지나자 놀라운 일이 벌어졌다. 갑자기 용기가 용솟음치는 것이 아닌가. 그리하여 그 자리에서 위컴은 무려 한 시간 이상 열변을 토하였다.

청중들의 우레와 같은 박수 소리는 그가 발휘한 용기를 몇백 배로 되돌려주었다. 그때의 감격이 학창 시절 5분 동안의 짧은 발표에서도 실패했던 그를 직업적인 연설가로 만들어주었던 것이다.

공포에 도전하라. 꾸준히 노력하면 공포의 두께는 점점 얇아지고, 오히려 역이용할 수 있는 능력이 생겨난다.

초보자일 때는 누구나 실패를 경험한다. 하지만 그 실패는 숙련자로 가는 과정일 뿐이다.

작은 실패를 딛고 일어서라. 그러면 작은 성공이 다가온다. 작은 성공으로부터 시작하라.

성공에 익숙해지면 무슨 목표든지 할 수 있다는 자신감이 생긴다. 그 진리를 위컴은 체험을 통해서 증명하였다.

가슴을 울리는 활기찬 목소리의 힘

흔히들 많은 청중들 앞에서 하나의 수제를 가지고 이야기할 때 종종 원고를 만들어 암기하려는 습관이 있다.

이는 곧 말을 하다가 주제에서 벗어나지는 않을까, 말문이 막혀 조롱받지는 않을까 하는 걱정과 근심에서 비롯된 것이다. 이것은 한마디로 시간과 정력의 낭비이다.

평상시에 우리는 원고 없이도 말을 잘한다. 어떤 주제가 우리의 두뇌를 자극하여 그와 관련된 생각을 발표하게끔 하는 것이다. 그러므로 주제가 명료하다면 우리가 숨쉬는 것처럼 말이 자연스럽게 나오게 마련이다.

연설에서 중요한 것은 말하는 사람의 인간미가 묻어나와야 한다는 점이다. 그런데 대통령이 연두교서를 발표하듯이 딱딱하게 말한다면 청중들은 아무런 감흥을 받지 못하게 될 것이다.

수많은 사람들이 원고를 외워서 연설을 하지만 자신의 마음속 깊은 곳에 담긴 두려움 때문에 제대로 그 뜻을 펼치지 못한다.

게티즈버그 연설로 세계인을 감동시켰던 링컨은 이렇게 말했다.

"나는 틀에 박힌 설교는 듣고 싶지 않다. 기왕이면 벌들이 싸우는 것처럼 흥분한 연사의 말을 듣고 싶다."

그것은 활기찬 인간의 목소리가 사람들의 가슴을 울린다는 뜻이다. 무미건조한 연설은 어떤 주제라 할지라도 관심을 끌지 못한다. 하물며 설득은 더더욱 바랄 수 없다.

파리의 미술대학을 졸업한 반스 부슈넬은 훗날 이퀴더블 생명보험사의 부사장을 지낸 인물이다.

언젠가 그는 미국 전역에서 모인 2천여 명의 보험회사 사원들에게 연설을 해달라는 청탁을 받았다. 당시 그는 생명보험 업계에서 촉망받는 사람이었기 때문에 자신의 가치를 더욱 높일 절호의 기회라고 생각했다.

그는 청탁을 받은 그날부터 연설문을 작성하여 외우기 시작했다. 그리고 거울 앞에 서서 마흔 번도 넘게 리허설을 하였다. 완전한 연설문, 적절한 쇼맨십, 반스는 흡족했다. 이만하면 자신의 연설은 대 히트를 칠 것이라고 생각했다.

마침내 운명의 날, 반스는 여유만만한 표정을 지으며 연단

위에 올라섰다. 수천의 눈이 그의 입을 향했다.

그런데 그 많은 시선과 마주친 반스는 갑자기 공포에 휩싸였다. 수만의 적들과 단신으로 부딪친 장수와도 같은 기분이었다.

"이 모임에서 나의 역할은……."

이렇게 입은 떼었지만 그 다음이 생각나지 않았다. 그토록 완전하게 연설문을 외웠다고 생각했는데……. 순간 그는 절망적인 기분이 되었다.

하지만 무슨 말이든 해야 했다. 잠시 여유를 갖기 위해 연단에서 두 걸음 뒤로 물러났다가 앞으로 나왔다. 그런데도 아무 말도 생각나지 않았다.

당황한 그는 다시 뒤로 두 걸음 물러났다가 앞으로 나왔다. 역시 마찬가지로 아무 말도 생각나지 않았다.

이렇게 몇 차례 전진과 후퇴를 거듭하던 반스는 얼떨결에 발을 헛디뎌 연단에서 떨어지고 말았다. 이 우스꽝스러운 모습에 사람들은 박장대소를 하였다. 어떤 사람은 너무나 우스운 나머지 통로에서 굴러떨어지기까지 하였다.

이퀴더블 생명보험사가 창립된 이래로, 그토록 청중들을 웃긴 사람은 아무도 없었다. 다행히 그들은 반스가 고의적으로 연기를 했다고 생각했다.

하지만 반스는 부끄러움에 고개를 들 수가 없었다. 모임이 끝난 후 상사에게 사표를 제출했을 정도였다. 뜻밖에도 상사는 그 사표를 돌려주었다. 그러고는 실패를 거울 삼아 더욱 정진하라고 위로했다.

상사의 따스한 배려로 반스는 자만심을 한 차원 높은 자신감으로 승화시켰다.

얼마 뒤 그는 회사에서 가장 연설을 잘하는 간부가 되었다. 그리고 연설을 할 때는 절대로 원고를 외우지 않았다.

연설을 준비하는 적절한 마음가짐

1. 미리 생각한 주제에 대한 자료를 정리하라.
어떤 의미있는 이야기에 당신의 뜻을 대입시켜라. 그리고 충분히 숙달될 때까지 침착하게 생각하는 버릇을 기른다. 그 다음에는 남들 앞에서 여유있게 하고 싶은 말을 하면 된다.

2. 일상적인 대화에서 훈련을 한다.
어떤 주제를 잡았다면 가까운 친구를 만나 자신의 의견을 들려준다. 그는 당신이 연설 연습을 하고 있으리라고는 꿈에도 생각지 못할 것이다. 그의 반응을 참고하라.
그리하여 당신이 미처 생각지 못했던 문제점을 찾아보아라.

3. 주제에 자신을 투입시켜라.
당신은 주제의 중요성을 스스로에게 납득시켜야만 한다. 어떻게 하면 자신의 이야기 속에 몰입할 수 있을까. 그것은 신념이다. 자신의 말에 신념을 가져라.

4. 부정적인 상상을 하지 말라.
말하는 도중 말을 더듬는다든지 문법이 잘못되거나 지명을 실수했다고 해서 당황해서는 안 된다. 연설이란 물 흐르듯 지나가게 마련이다. 실수가 떠오르면 애써 되살려 고치려 하지 말라. 여유가 있다면 다른 말을 하면서 그 실수를 감출 수 있는 것이다.

5. 용기를 가져라.
이 주제가 과연 청중의 흥미를 끌 수 있는 것일까, 연설자로서 내가 적절할까 등등 소극적인 생각을 갖지 말라. 당신의 생애와 가치관으로 한 가지 주제를 표현하는 것이다. 그러므로 그 이야기는 당신밖에 할 사람이 없다고 스스로를 설득시켜야 한다. 이것은 일종의 자기 암시지만 분명히 효과가 있다.

자연스럽게 말하라

 최근에 주부들을 대상으로 하는 토크쇼가 유행하고 있다. 이른 아침 일을 끝내고 난 주부들의 호응이 높고, 방청객이나 시청자들이 직접 참여할 수도 있는 프로그램이기 때문이다.

 그런데 이런 프로를 진행하는 사회자들 중에는 문법에 서툴거나 발음에 문제가 있는 사람들이 간혹 눈에 뜨인다. 하지만 그들의 말솜씨가 조금 어색하더라도 방청객들이나 시청자들은 별로 문제삼지 않는다.

 그 이유는 사회자나 방청객들이 자신의 이야기를 주제로 자유롭게 말하기 때문이다. 다시 말하면, 즐거웠거나 슬펐던 일들, 부부관계, 교육 문제 등에 이르기까지 보통 사람들의 이야기를 함께 나누기 때문이다.

 그들에게는 특별히 맺어야 할 결론도 없으며, 누구를 설득하기 위해 핏대 세울 일도 없다. 세계평화라든가 환경문제,

까다로운 정치문제 등에 대해서 설명할 필요가 없다. 단지 자연스럽게 개인적인 체험을 표현하면 된다.

그렇지만 편안한 대화의 장에 참석한 많은 사람들이 자신의 자연스러움을 잃어버리고, 전혀 접하지 않았을 뿐더러 관심조차 없었던 주제를 이야기해야 된다는 강박관념에 사로잡혀 있다.

애국심이나 민주주의라는 주제가 있다면 미리 그에 관련된 방대한 서적을 뒤적거리고, 특별한 용어를 사용해야만 된다고 생각하는 것이다.

그러나 이는 잘못된 생각이다 물론 학술대회나 심포지엄처럼 전문적인 이론과 식견이 있어야만 하는 자리에는 분명 어떤 참고자료나 깊은 연구사례가 필요할 것이다.

이와는 달리, 자연스럽게 자신을 표현하는 자리에서 석고상처럼 논문을 외워서는 곤란하다.

외우듯이 말한다면 과연 듣는 사람들에게 얼마만큼 감명을 줄 수 있겠는가?

때와 장소에 따라 표현을 달리해야 한다. 나이트클럽에서 성가를 부를 수는 없다. 또 엄숙한 교회에서 시끄러운 록음악을 연주할 수 없다.

이런 구분을 명확하게 마음에 담고 있다면 우리는 어떤 자리에서라도 얼굴이 붉어지는 일은 없을 것이다.

어떤 강연 연습회에서 한 수강생이 연설을 시작하였다. 그때까지만 해도 그 학생은 장중하고 논리적이어야만 청중들로부터 인정받으리라 생각했다.

"자유와 평등, 인류애, 이 세 가지는 우리들이 살아가면서 간직하지 않으면 안 될 명제입니다. 자유가 없다면 인생이란 아무 것도 아닙니다. 평등은 또 어떠합니까? 민족과 혈통, 피부 색깔이 문제가 아닙니다. 우리는……."

이때 강연 연습회의 지도강사가 그의 말을 중단시켰다. 그리고 그에게 물었다.

"당신은 지금 자신의 연설 내용을 이해하고 있나요?"

갑작스런 질문에 당황한 수강생이 되물었다.

"무슨 말씀이십니까?"

"당신은 방금 시작한 주제들을 증명할 증거나 경험이 있냐는 말입니다."

수강생의 얼굴은 금방 홍당무가 되었다.

잠시 마음을 추스르고 지도강사의 말을 음미한 그는 자신이 예전에 프랑스의 레지스탕스로 활약한 전력을 바탕으로 다시 이야기를 펼쳐나가기 시작하였다.

그는 오랜 지하 활동 중 가족들이 겪은 고통과 마침내 적지에서 탈출하여 미국으로 망명하기까지의 생생한 경험을 담담하게 이야기하였다. 그리고 마지막으로 이렇게 말을 맺었다.

"오늘 큰 길을 따라 여기에 이르렀을 때, 오는 것도 돌아가는 것도 모두 나의 자유였습니다. 경찰관도 저에게 신경을 쓰지 않더군요. 이 호텔에 들어오는데도 신분증을 제시할 필요조차 없었습니다. 이 모임이 끝나고 제가 어디로 가든지 그 역시 나의 자유일 것입니다. 여러분, 이런 자유를 대체 누구에게 빼앗길 수 있단 말입니까?"

이렇듯 직접적인 경험에서 우러나오는 연설은 청중들의 관심을 끌게 마련이다.

인생이 당신에게 가르쳐준 것을 이야기하도록 하라. 누구라도 당신의 말에 귀기울이지 않겠는가.

효과적으로 말하는 여덟 가지 방법

1. 직접 경험한 것을 이야기하라.

2. 생활 주변에서 이야깃거리를 찾아라.

3. 자신의 어린 시절 이야기를 인용하라.

4. 인간적인 흥미가 풍부한 청년 시절의 경험을 이야기하라.
당신이 당시 겪었던 고난과 희망, 승리의 기억들을 예로 들라.

5. 상대방이 이해할 수 있다면 자신의 취미나 여가 활용을 주제로 삼는 것도 좋다.

6. 오랜 경험과 연구에서 얻은 업적을 진솔하게 표현하라.

7. 자신의 특별한 체험을 인용하라.
가령 전쟁의 경험이라든지, 어떤 위인을 만났던 때의 이야기들은 듣는 이에게 흥미를 안겨주게 마련이다.

8. 자신의 신념이나 신조를 말하라.
신문이나 뉴스에서 얻을 수 있는 정도의 문제라면 곤란하다. 일반론이란 언제나 지겨운 법이다. 그러므로 오랫동안 자신이 취급하던 문제일 때만이 관심을 끈다. 자신이 그런 문제를 논할 위치에 있다고 생각한다면 과감하게 표현하는 것이 좋다.

행동이나 말이 지나치면

 말로써 사람의 마음을 움직이기 위해서는 명확하고 인간미 넘치는 표현을 써야 한다. 너무 장황해서도 안 되고, 너무 간략해서도 안 된다.
 듣는 사람으로 하여금 지루하지 않으면서 주의를 집중할 수 있게 해야만 한다. 하지만 세부적인 것을 분명하게 표현하면서도 명료하게 하려면 어떻게 해야 하는가?
 그 해답은 간단하다. 우리들이 알고 있는 육하원칙, 곧 '누가·언제·어디서·무엇을·어떻게·왜'를 응용하면 된다.
 이런 방식에 따르면 당신의 말에는 생명력이 담기고 빛깔 있는 이야기가 될 것은 틀림이 없다. 〈리더스 다이제스트〉에 실렸던 카네기의 글이 좋은 예이다.

 나는 대학을 나와 아머 앤드 회사의 세일즈맨이 되어 남다고타 주를 2년 동안 돌아다녔다.

 화물열차를 타고 맡은 구역을 돌아보던 어느 날, 나는 래드필드 역에서 남쪽으로 가는 열차를 타기 위해 2시간 동안 역에 머물러 있어야만 했다. 그런데 래드필드는 나의 구역이 아니었기 때문에 기다리는 동안 세일즈 활동을 할 수가 없었다.

 그때 나는 1년 안으로 뉴욕의 아메리카 연극 아카데미에 공부하러 갈 예정이었으므로, 한가한 시간을 이용하여 연극 연습을 하기로 마음먹었다.

 나는 역 구내를 이리저리 거닐면서 셰익스피어의 〈맥베스〉의 한 장면을 연기해보기로 하였다. 그러고는 가슴을 활짝 펴고 나는 크게 소리쳤다.

 '저기 보이는 것은 단검이 아니냐? 칼자루가 이쪽을 향하고 있구나……. 자, 잡아라! 잡아보아라!'

 이렇게 연기 연습에 몰입하고 있는데 돌연 네 명의 경찰관이 다가오더니 나에게 열차 강도를 하려는 것이 아니냐고 따져 물었다.

 그때까지도 연극 무드에 젖어 있던 나는 하나도 놀라지 않고 왜 내게 그런 질문을 하느냐고 물었다.

 그러자 그들은 마을에 사는 한 부인이 나의 행동을 멀리서 보고는 이상해서 가까이 와보니, 단검이니 칼자루니 하는 수상한 언동을 하기에 의심이 나서 경찰에 신고했다는 것이다.

나는 기가 막혔다. 그래서 경찰관들에게 나의 처지를 설명하고 그 말이 셰익스피어 연극의 한 대목일 뿐이라고 설명했다. 하지만 그들은 믿지 않았다. 하는 수 없이 아머 앤드 회사의 주문장을 보이고서야 그들의 손아귀에서 벗어날 수 있었다.

이 일화에서 당신은 육하원칙이 어떻게 적용되고 있는가를 살펴보기 바란다.

그와 더불어 행동이나 말이 지나치면 나쁜 결과를 초래한다는 점을 명심히지. 이 글에서저럼 주의를 하지 않고 무의미한 내용을 너절하게 지껄이다가는 누구라도 봉변당하기 십상이다.

언제나 목적을 정확하게 가져라

누군가와 대화를 한다거나 연설을 함에 있어 자신의 의사를 분명히 해야 한다는 것은 주지의 사실이다. 하지만 종종 그런 목적에 부응하지 못하여 실패하는 사람이 너무나도 많다.

이런 면에서 링컨은 흔들리지 않고 자신의 정확한 목적을 찾아내어 달성한 인물이라고 할 수 있다.

그는 젊었을 때 좌초된 선박을 끌어내는 장치를 발명하여 특허를 얻었다. 그래서 자신의 법률사무소 근처에 있는 한 공장에 그 장치의 모형을 만들어두고 그 기계에 관심이 있는 고객들이 찾아오면 친절하게 그 원리를 설명해주었다. 그 설명의 목적은 '지식이나 정보를 제공하는 것'이었다.

또 저 유명한 게티즈버그 연설이나 대통령 취임연설, 추도연설 등을 할 때마다 목적을 분명히 가졌다. 즉, '감명을 주고 마음가짐을 올바르게 갖게 하기 위한 것'이었다.

그가 변호사로서 법정에서 배심원들을 상대로 이야기할 때의 목적은 자신의 의뢰인에게 유리한 판결을 내리기 위한 것이다.

또 그가 사람들을 모아놓고 정치적인 연설을 할 경우에는 유권자들의 표를 많이 얻기 위한 의도였다. 이것은 듣는 사람들로 하여금 이야기를 듣고 '행동으로 옮기도록 설득' 하는 것이 목적이었다.

링컨은 대통령으로 선출되기 2년 전쯤에는 '사람들을 즐겁게 해줄 목적'으로 발명에 대한 강연을 하러 다녔다고 한다. 하지만 이 강연은 별로 인기를 끌지 못했다고 한다.

아마도 통속적인 목적에 있어서는 명연설가 링컨의 힘이 그리 큰 위력을 발휘하지 못했던 모양이었다.

영국의 유명한 주교가 1차 세계대전 중에 병사들에게 전쟁의 당위성에 대하여 설득하고 자신감을 주고자 생각했다.

그래서 그는 전선으로 향하는 젊은이들을 모아놓고 국제친선과 평화를 지켜야 하는 이유 등을 설교하였는데, 그 말을 귀담아듣는 병사는 한 사람도 없었다.

목숨이 오가는 전쟁터에서 국제친선이니 평화니 하는 말은 병사들에게는 아무런 의미가 없는 말이었다. 차라리 어머니가 집에서 너희들이 살아서 돌아오기만을 기다린다는 말이 그들의 심금을 울렸을 것이다.

하지만 주교가 이야기하는 동안 그 자리를 떠난 병사들은 한 명도 없었다. 그것은 그들이 일어나지 못하도록 헌병들이 주위를 에워싸고 눈을 부라리고 있었기 때문이다.

주교가 후방의 자선기금단체나 성직자들의 모임에서 그런 설교를 했다면 대단한 평가를 얻었을는지도 모른다. 하지만 그는 실패했다.

그것은 목적에 맞는 주제를 간과했기 때문에 생긴 실패의 전형이었다.

이야기의 네 가지 목적

1. 행동으로 옮기도록 설득하기 위해

2. 지식이나 정보를 제공하기 위해

3. 어떤 감동을 주어 마음가짐을 올바르게 하기 위해

4. 즐겁게 해주기 위해

마법의 공식

현대와 같이 모든 일이 급박하게 돌아가는 시대에는 이야기하는 사람이 말을 길게 끌면 곤란하다. 듣는 이들은 모두가 바쁘다고 생각하는 사람들이므로 단도직입적인 표현이 오히려 설득력이 있다.

때문에 누군가와 말을 할 때는 다음과 같은 공식을 사용하는 것이 매우 유익할 것이다. 이것은 카네기가 오랜 동안 화술을 연구하면서 얻은 일명 '마법의 공식'이다.

첫째, 말머리에 구체적인 실례, 즉 듣는 사람에게 전해야겠다고 생각하는 중요한 문제를 눈에 보이는 것처럼 제시할 수 있는 직접적인 내용을 가져야 한다.

둘째, 명확한 언어를 사용하여 요점을 밝히고, 듣는 이들에게 바라는 바를 정확하게 전한다.

셋째, 그 이유를 밝힌다. 어떤 이익이 얻어질 수 있는가에 포인트를 맞춘다.

이 마법의 공식은 광고카피를 쓴다거나, 아랫사람에게 지시를 내릴 때도 적절히 이용할 수 있다. 또 아이들에게 무엇을 시키거나 부모에게 무엇을 부탁할 때도 응용이 가능하다.
 곧 일상생활에서 타인에게 자신의 생각을 전할 때 언제든지 유효한 도구가 될 수 있다는 의미다.
 사람들은 말머리를 돌리는 것을 좋아하지 않는다. 직접적이고 정공법으로 부딪치는 방법에 매우 익숙해 있나. 그것은 나양한 직업의 세계에서 온몸으로 체득한 최선의 의사 전달 방식임을 이미 잘 알고 있기 때문이다.
 '준비가 부족해서 죄송합니다.' 따위의 사죄나 변명은 아무런 흥미를 줄 수가 없다. 행동이 우선인 것이다.
 이런 방식은 특히 짧은 이야기를 할 때 긴박감을 주기 때문에 매우 효과적이다.
 처음에 듣는 사람은 얼떨결에 공식의 첫 과정에 몰입하지만 몇 분 동안 그 이야기의 요점이 무엇인지를 판단하지 못한다. 하지만 고개를 끄덕이며 최종적인 표현을 무의식적으로 기다리게 된다.
 말하는 사람은 적절한 시기가 되었다고 판단되면 마침내 칼을 뽑는다. 그렇게 되면 사람들은 자연스럽게 그 의도에 동조하게 되는 것이다.

마법의 공식이 리랜드 스토의 '어린이를 위해 국제연합에 호소함'이란 연설문에서 어떻게 이용되었는지를 살펴보면 그 효과를 짐작할 수 있을 것이다.

이 연설을 듣고 불쌍한 어린이들을 위해 구호를 거부할 사람은 아무도 없을 것이기 때문이다.

'여러분, 나는 다음과 같은 일이 두 번 다시 일어나지 않기를 진심으로 기도하고 있습니다. 우리의 아이들이 목숨을 부지하기 위해 한 알의 호콩을 집어야 한다면 이보다 더 비참한 일이 또 어디에 있겠습니까?

여러분이 이런 경우를 직접 당한다면 지금 나의 말을 충분히 이해해주리라 믿습니다.

지난 1월의 어느 날에 벌어진 참담한 사건들, 폭격의 상처를 미처 수습하지도 못한 아테네의 노동자 수용소에서 여러분들이 직접 그들의 원성을 눈으로 보고, 귀로 듣기만 했다면······.

그때 나에게는 반 파운드의 호콩 통조림 하나밖에 없었습니다. 내가 그것을 열려고 하자 넝마를 걸친 아이들 10여 명이 필사적으로 내게 손을 내밀었습니다.

초라한 옷차림의 한 어머니가 그 틈을 뚫고 자신의 갓난아이를 내게 내밀었습니다. 뼈와 가죽뿐인 그 손들, 나는 호콩을 한 알 한 알씩을 세어 될 수 있으면 많은 아이들에게 나누어주려 했습니다.

배고픈 아이들은 미친 듯이 달려들었습니다. 나중에는 나의 발을 끌어당기기까지 했습니다. 그 많은 손들…….

애원하는 손, 빼앗으려는 손, 절망적인 손……, 모두가 애처로운 작은 손들이었습니다. 그때 나는 당황하여 호콩 대여섯 알을 땅에 흘렸습니다. 그러자 갑자기 나의 발 밑으로 마르고 쇠약한 어린 몸뚱이들이 격렬하게 엉겼습니다.

여러분, 그것을 놓치면 희망의 빛이 금세라도 사라져버릴 것만 같은 아이들의 눈을 보셨습니까?

나는 텅 빈 통조림 깡통을 쥐고 그 자리에 우두커니 서 있었습니다. 그렇습니다, 여러분. 나는 여러분에게 이와 같은 일이 일어나지 않도록 기도할 뿐입니다.'

카네기 지침

남에게 자발적으로 일을 시키는 방법은 이 세상에 단 한 가지밖에 없다. 가슴에 손을 대고 생각해보라. 그렇다. 스스로 적극적으로 일을 하도록 유도하는 것이다.

다시 말하지만 이것밖에는 방법이 없다.

만약 상대의 가슴에 권총을 들이대고 협박한다면 상대방은 시계를 넘겨주지 않고는 별 뾰족한 방법이 없을 것이다. 머리통을 날려버리겠다고 하면 종업원은 협력할 것이다. 물론 지켜보고 있을 때뿐이겠지만.

어린애들은 회초리로 때리거나 위협을 하면 부모의 말을 듣는다. 하지만 이런 거친 방법은 곤란함을 초래할 뿐이다.

사람에게 일을 시키는 방법은 오직 하나, 상대방이 바라는 것을 해주는 것이다.

따뜻한 마음, 믿음의 마음

사람은 누구나 남에게 존경받고 싶어하는 마음이 있다. 그것은 오랫동안 강단에 서왔던 대학교수이든 조선소에서 땀 흘리는 용접공이든 마찬가지다.

누구나 자신이 가장 소중한 존재이며, 남과 다른 가치를 지니고 있다고 믿고 있다.

그러므로 이런 의식에 타격을 주는 말을 해서는 안 된다. 당사자가 도를 터득한 겸허한 수행자가 아닌 다음에야 당신은 그에게서 외면당할 게 분명하다.

누군가를 인정하고 존경해주면 당신 또한 그런 대접을 받게 마련이다.

우리 주위에는 자신과 무관하다는 이유로 어떤 조직이나 집단을 무시하는 사람들이 있다.

그들은 어떤 경우에는 제어하기 힘들 정도의 강렬한 적개심을 표현하기도 한다. 하지만 그들에게 어떤 이익을 준다면 순식간에 태도가 돌변한다. 이런 태도는 결국 사람들에게 자신이 표리부동하다는 증거만을 보여줄 뿐이다.

따뜻한 마음과 믿음의 마음으로 사람들을 대하라. 그렇지 않으면 소외의 아픔만을 곱씹게 될 것이다.

노먼 필 박사는 유명한 예술가와 함께 어느 심포지엄에 참석했다. 박사는 그와 가까운 사이는 아니었지만 이런저런 이야기를 나누면서 나란히 자리에 앉았다.

많은 청중들이 앞에서 그들의 말을 경청하고 있었다. 그런데 그가 말한 내용에 대하여 다른 발표자들의 질문이 이어졌다.

청중들 중 몇 사람도 심각하게 의문을 제기하기까지 하였다. 그리하여 토론에 참여한 사람들의 얼굴이 발그레해질 정도로 장내가 소란스러워졌다.

가까스로 난처한 상황을 넘긴 그는 침착하게 다음 논제를 준비하고 있는 박사에게 물었다.

"당신은 이런 상황에서도 아무렇지 않습니까?"

그러자 노먼 필 박사는 이렇게 대답했다.

"그렇습니다. 나는 사람들 앞에 나서기 전에는 언제나 당황스럽지만, 청중들이 앞에 있으면 책임감 때문에 당황할 여유가 없습니다. 당신은 안 그런가보죠?"

"아뇨. 조금도 그렇지 않습니다. 무엇 때문에 긴장을 해야 합니까? 청중이란 무엇이나 받아들이는 바보들 아닙니까?"

이 말을 들은 노먼 필 박사는 심각한 표정을 지으며 이렇게 말하는 것이었다.

"그 말에는 찬성할 수 없습니다. 청중은 당신의 절대적인 심판관입니다. 그들이 아니면 누가 우리의 말에 귀를 기울이겠습니까? 그들에 대해 존경심을 가지십시오. 그래야만 그들도 당신을 존경할 것입니다."

카네기 지침

타인에게 정성을 다하라. 말투나 행동이나 몸가짐은 솔직한 것이 좋다. 남을 가르칠 뿐만 아니라 즐겁게 해주는 일도 필요하다.
만일 당신이 남을 웃길 수 있다면 남을 생각하게 할 수도 있을 것이다. 그리고 당신을 좋아하게 만들어 당신의 말을 믿게 할 수가 있을 것이다.

인내와 솔직함으로 대화하라

 일상생활에서 우리는 어떤 문제에 대하여 전혀 다른 의견을 가진 사람과 이야기할 때가 있다.
 가정이나 직장, 여타 여러 사교적인 모임에서 서로 속마음은 다를지라도 상대방의 의견을 존중하려 애쓴다. 그러나 간혹 핏대를 세우며 자신의 의견을 주장하는 사람들이 있다.
 그들은 자신의 자부심을 내세우고 싶어하는 사람들이다. 만일 이런 유형의 사람에게 직접적으로 반대의사를 표현하게 되면 그 결론은 파국이다.
 자부심이란 언제 터질지 모르는 폭탄 같은 인간 내부의 본능이기 때문이다.
 당신은 그가 심지에 화약을 붙이기 전에 우선 그의 의견에서 긍정적인 부분을 받아들이는 태도를 취해야만 한다. 그리하여 그로 하여금 당신이 그의 견해를 존중하고 있다는 점을 주지시키지 않으면 안 된다.

그렇게 되면 그는 나중에 당신이 제기하는 의문점에 대하여 반대하기보다는 수용하는 쪽을 택하게 된다. 이로써 극적인 분쟁을 막을 수 있는 것이다.

이야기를 하다가 적대관계가 형성되면 상황은 그야말로 뻔하다.

성을 지키는 측에서는 성문의 빗장을 튼튼히 걸어 잠그고, 성벽 위에 잔뜩 시위를 당기고 있는 사수를 배치해 놓고 당신을 기다릴 것이다. 그때 당신이 공격의 나팔을 분다면 쌍방은 이유가 무엇인지도 모른 채 의미 없는 전쟁을 치르게 된다.

윌슨은 이런 전쟁을 종식시키는 방법을 이렇게 말하고 있다.

"만일 당신과 누군가가 이야기할 때 서로 생각이 다르다면 우선 왜 다른가, 문제가 무엇인가를 이해하고 시작해야만 한다.

그렇게 되면 두 사람의 견해 차이는 극히 없고 이해되지 않는 부분도 별로 없지만, 일치되는 부분은 참으로 많다는 점을 알게 될 것이다. 그러면 인내와 솔직함으로 두 사람은 함께 자유롭게 대화를 나눌 수 있을 것이다."

어느 무신론자가 윌리엄 페일리에게 신의 존재를 증명해

보라고 도전을 하였다. 그는 내심 페일리가 화를 내며 이렇게 말하기를 기다렸다.

"신이 없다고요? 그런 바보 같은 말이 어디 있습니까? 성서를 보십시오……."

하지만 그는 곧 페일리의 침착한 대답에 아무런 말도 못하고 슬그머니 그 자리를 떠나고 말았다.

페일리는 그 질문에 미소를 지으면서 자신의 회중시계를 꺼내 보이며 이렇게 말했던 것이었다.

"내가 이 회중시계의 추와 톱니바퀴와 태엽이 한자리에 모여서 옛날부터 움직이고 있다고 말한다면 당신은 틀림없이 나를 모자란 사람으로 여길 것입니다.

그러나 저 하늘의 별을 보십시오. 어느 별이나 완전하게 자리잡고 정해진 궤도로 움직이고 있지 않습니까? 지구나 혹성은 태양의 둘레를 하루에 백 마일 이상의 속도로 회전하고 있습니다. 그러면서도 단 한 번의 충돌이나 혼란이 일어나지 않습니다.

이런 신비를 우연한 일이라고 생각하는 것과 누군가가 그렇게 조절하고 있다고 생각하는 것과 어느 쪽이 더 신빙성이 있는 말이겠습니까?"

개성의 빛을 발휘하라

세상이 아무리 넓다고 해도 똑같은 것은 하나도 없다. 포드 자동차회사에서 매년 '포드 자동차의 구조는 어느 것이나 똑같습니다.'라는 광고카피를 내세우지만 그것은 사실이 아니다. 비슷할 수는 있지만 완전히 똑같지는 않다.

이렇듯 개성이란 자신만의 특별한 그 무엇이다. 이 개성은 아무리 공통적인 의견을 가지고 있다고 해도 사람마다 미묘한 차이를 가지고 있다.

그러므로 당신은 자신의 개성을 확실하게 다른 사람과 구분할 수 있을 정도로 찾아내어 키워야만 한다. 그것이야말로 당신을 빛나개하는 유일한 가치이기 때문이다.

사회나 학교에서는 그런 개성을 무시하고 보편화시키려고 하기 일쑤이다. 그러나 당신은 결코 거기에 동화되어서는 안 된다. 오히려 자신의 진실한 힘과 능력을 그 개성에 쏟아부어야만 한다.

　러시아의 위대한 화가 브라로프는 어느 학생의 그림을 고쳐준 적이 있었다. 그 학생은 자신의 수정된 그림을 보고 깜짝 놀랐다.
　"아니, 선생님. 이게 어찌된 일입니까? 덧칠을 몇 번 한 것뿐인데 전혀 다른 그림이 되고 말았습니다."
　그러자 브라로프는 이렇게 대답했다.
　"예술은 그 잠깐 동안에 새로 시작되는 거라네."

　이렇듯 성공한 사람들에게는 타인과 다른 빛나는 개성이 있다.
　똑같은 대가들이지만 렘브란트와 피카소의 그림은 한눈에 보아도 다르다. 미켈란젤로와 레오나르도 다빈치의 그림 역시 다르다. 그들의 빛깔과 형태와 표현은 하나도 같은 것이 없다.
　우리도 마찬가지다. 같은 회사에서 같은 일을 하고 같이 식사를 하지만 누군가는 먼저 인정받고 먼저 승진한다. 그것은 분명 그 사람의 빛이 더욱 광채를 발했기 때문이다.

비판의 요령

 어떤 회사에 토미라는 직원이 있었다. 그는 출근과 동시에 자리에 앉아 집에서 싸온 토스트와 감자튀김을 오랜 시간 먹곤 하였다. 그 때문에 아침회의가 늦어지곤 했다.

 그의 상사는 어떻게든 주의를 주고 싶었지만 근무중에 배를 채우면 안 된다는 규정은 없었다. 때문에 어떻게 해야 할까 고민하던 중이었다.

 또 소피아란 젊은 여직원은 화장이나 의상이 지나치게 야했다. 손톱을 길게 기르고 허벅지가 드러나는 짧은 스커트를 입고 다녔다.

 물론 유행하는 패션이라지만, 남자직원들이나 회사를 방문하는 손님들의 달갑지 않은 눈길을 끌었다.

 그래서 어떤 이사로부터 지적을 받기도 했지만 어떻게 말을 해야 그녀의 반발을 사지 않을까 걱정이었다.

그들을 여러 사람들 앞에서 공공연하게 비판하는 것이 효과적인가, 아니면 조용히 사람들이 없는 곳으로 불러 이야기해야 효과적일까?

물론 사람들이 있는 곳에서 솔직하게 말하는 것보다 당사자를 조용히 불러내 비판하는 것이 부작용이 작을지도 모른다. 하지만 그것은 본질적으로 그들의 성격에 달려 있다.

만일 그가 토미나 소피아를 불러내 단독 면담을 한다면 다른 직원들이 이렇게 생각할 수도 있다.

'저 친구는 매일 회사에서 식사를 하더니 결국 주의를 받는군. 저렇게 찍히면 앞으로 꽤 괴로울 거야.'

'드디어 소피아가 한 번 당하는군. 내가 그럴 줄 알았어. 너무 했으니까.'

이렇게 되면 그들의 잘못을 고치는 것보다는 그들에게 더욱 큰 상처를 입히는 꼴이 되고 말 것이다.

'어리석은 자만이 타인을 노골적으로 비판한다.'라는 말이 있다. 그만큼 비판이란 어렵다는 뜻이다. 왜냐하면 비판의 목적은 긍정적인 결과를 도출해내야만 하는데, 그것이 쉽지 않기 때문이다.

그러므로 이런 경우, 다음과 같은 비판의 요령을 명심해야 한다.

첫째, 다른 사람들 앞에서 지적하지 않는다. 몰래 그 사람에게 말해 주도록 한다.

둘째, 웃는 얼굴, 사랑이 담긴 표정으로 말한다.

셋째, 처음에 칭찬을 먼저 한다. 그리고 이런 걸 고치면 더욱 좋을 거라고 격려한다.

넷째, 상대방이 흥미를 가질 만한 방법으로 접근한다. 마음에 부담되지 않도록, 또 동료들이 알지 못한다는 믿음을 준다.

다섯째, 건설적으로 비평하고 방법을 제시한다. 결점을 깨닫게 해주는 것만으로 끝내서는 곤란하다. 교정 방법을 말해 줄 수 없으면 생각날 때까지 말하지 말라.

여섯째, 비평이 끝나면 다시 한 번 상대방의 장점을 일깨워주고 격려한다.

일곱째, 상대방이 결코 거짓말로 여기지 않도록 진심으로 이야기한다.

가정에서 부모들은 아이들의 잘못을 보면 찬찬히 설명하는 것이 아니라 매를 들거나 소리를 지른다.

처음에는 이성적으로 설명하다가도 시간이 지나면 부모들은 자기 감정을 다스리지 못하게 된다. 그럴 때면 아이들은 금세 어린양처럼 복종한다.

하지만 그것은 진심이 아니다. 단지 공포의 결과일 뿐이다. 때문에 그들은 폭압적인 부모의 눈길이 미치지 않는 곳에 가면 부모가 지적한 그 잘못된 행동을 아무렇지도 않게 한다. 마음속에 반발이라도 생기면 더욱 나쁜 결과를 초래하기도 한다.

그러므로 비판은 절대 감정적이어서는 안 된다. 꾸준한 인내심을 가지고 사랑을 표현해야만 한다.

그렇지 않으면 비판이란 부정적인 감정의 발산으로 오해받기 쉬울 테니까.

많은 사람들이 이러한 실수로 인하여 가까운 친구와 결별하고 회사에서 퇴직하며 인생에서 돌이킬 수 없는 실패를 맛보곤 한다.

우선 사랑의 눈으로 바라보라. 연애하듯이 당사자의 단점보다는 장점을 눈여겨보고 칭찬을 아끼지 말라. 그들은 병자가 의사에게 의지하듯이 따가운 주사 한 대도 즐거운 마음으로 받아들일 것이다.

카네기 지침

친구에게 그의 결점을 일러주는 것은 우정의 가장 가혹한 시련 중의 하나이다. 만일 상대방에게 화가 나서 그가 미워지면 성큼성큼 다가가서 심한 말을 퍼부어도 상관없다.

그러나 친구를 사랑하는 나머지 그가 죄로 더럽혀지는 것을 보고 참을 수가 없어 가슴 아픈 진실을 사랑의 말로 전하게 된다면, 이것이야말로 참된 우정이다.

하지만 그런 친구를 가지고 있는 사람은 참으로 드물다. 우리 집안에서는 언제나 '그대로 좋다.'고밖에 가르쳐주지 않는다. 칼끝을 목에 들이대면서.

마음의 소리를 들어라

사람의 감정은 무의식 속에 숨어서 어떤 행동을 하도록 부추긴다. 때문에 어떤 사람은 자신이 화를 내고 있는 줄 모르고, 화를 내면서도 이유 없이 불안해하기도 하고 죄책감에 사로잡혀 있기도 한다.

이런 마음의 깊은 병을 치료하는 방법은 간단하다. 그로 하여금 자신의 감정을 깨달을 수 있도록 도와주면 된다.

당사자로 하여금 자신의 현재 감정에 주의를 집중할 수 있도록 신경을 써주고, 믿음직스러운 표현으로 그의 각성을 유도해내자.

이혼한 여자가 친구를 찾아와 마음속에 있는 괴로움과 분노를 털어놓았다. 이때 친구는 말없이 고개를 끄덕이고 다정한 눈빛으로 그녀의 손을 잡아주었다.

시간이 조금 지나자 그녀는 차츰 안정을 찾고 눈물도 그치게 되었다. 격앙되었던 목소리도 낮아지고 미련을 버리고 체념의 미소를 짓기까지 하였다.

만일 여기에서 그녀의 잘못을 지적하고 그것은 네 책임이라고 말한다면 어떻게 되겠는가? 오히려 그녀는 더욱 흥분하여 온갖 자기 방어의 말을 늘어놓은 뒤 자기 안으로 침몰해 들어갈 것이다. 그녀는 자신의 결백을 주장하기 위해서가 아니라 단지 위로받고 싶다는 마음에서 그런 것뿐이다.

사람의 감정은 완전하게 억제할 수 없다. 비록 어떤 감정을 가졌을 때 나타나는 행동은 의지력으로 자제할 수 있을지라도 감정 자체를 막을 수는 없다.

그러므로 '너는 그런 생각을 해서는 안 된다.' 라는 말은 아무 소용이 없다. 오히려 죄책감만을 증폭시키는 결과를 가져오게 된다. 오히려 '너의 마음을 이해할 수 있어.' 라고 하는 것이 그를 안정시키는 데에 도움이 된다.

당신도 마찬가지다. 만약 극한 감정에 휘말려 있다면 그 전부를 누구에게든 털어놓고 이야기할 수 있는 기회를 만들어야만 한다. 그 다음 자신의 감정 자체를 솔직하게 인정하고 그 해결방안을 모색해야만 하는 것이다. 어떤 감정이든지 자신이 먼저 인정하고 받아들인다면 행동 또한 자제할 수 있다. 모든 문제는 부정적인 사고방식에서 비롯되기 때문이다.

우리는 타인과 이야기하거나 자신과 이야기할 때, 깊은 마음의 소리를 들을 수 있도록 귀를 열어놓아야 한다. 그런 따뜻한 관심이 바로 힘든 세상을 더불어 살아가는 활력소가 되는 것이다.

카네기 지침

나쁜 사람을 상대할 때 상대방의 이면을 찌르는 방법은 한 가지밖에 없다. 상대방을 훌륭한 신사로 대우하는 것이다.
대등하게 대접하는 것이 당연하다는 표정으로 대한다. 그렇게 되면 상대방은 항복하고 이쪽의 성의에 응할 것이다. 악인은 자기를 믿어주는 사람이 단 한 사람이라도 있다는 것을 자랑으로 생각한다.

객관적으로 판단하는 훈련을

　사람들은 자신이 경험한 일이면 모두가 객관적인 사실이라고 생각하기 일쑤이다.

　가령 자신이 먹은 어떤 종류의 사과가 맛이 있었다면 그런 종류의 사과는 모두 맛있다고 생각한다. 그러나 그 말을 듣는 사람은 그가 사과를 무척 좋아한다고 여길 수도 있다.

　일반적으로 우연히 발생한 사건은 사람마다 느낌이 다르고, 표현에 따라 전혀 다른 모습으로 변질될 수 있다. 때문에 말이란 객관적이라기보다는 매우 심리적인 표현임을 인식해야만 한다.

　그러므로 우리가 말을 함에 있어서 자신이 겪은 것과 실제 사건을 합쳐보면 갈피를 잡을 수 없는 경우가 종종 생겨난다. 그래서 가끔 종잡을 수 없는 표현을 하는 것처럼 보이기도 한다.

우리들은 이와 같은 혼란이 일어나지 않도록 주의해야 한다. 마찬가지로 다른 사람이 제공한 정보를 오해하지 않고 정확하게 받아들이는 훈련이 필요하다.

이런 훈련에는 다음과 같은 몇 가지 방법이 있다.

첫째, 대화를 할 때 어떤 기대를 앞세우지 않는다.

어떤 사람들은 자신의 생각과 어긋나는 일이 발생하면 누군가 악의를 품고 고의로 그렇게 했다고 오해를 하곤 한다.

하지만 우연찮게 자신에게 불리한 사건이 생겨나는 일은 너무나도 많다.

어느 회사의 주식을 샀는데 그날로 주가가 폭락하는가 하면, 약속 시간에 맞추려고 지하철을 탔는데 때마침 그 지하철 노선에 사고가 생기기도 한다. 그럴 때 화를 내지 않을 사람이 누가 있겠는가?

이제 자신을 추스르고 그 분노와 절망감을 이겨내도록 하자. 그 상한 마음을 엉뚱한 부분에까지 관련시켜선 안 된다.

이런 성격을 고치려면 무엇보다도 자신과 대화하는 습관을 길러야만 한다.

다른 사람을 판단하거나 비판하기 전에 내 자신이 무엇을 기대하고 있는가를 솔직하게 되묻도록 하자. 그리고 그것이 있다면 그것을 정직하게 대답한다. 이로써 상대방에 대한 자신의 희망이 과도하게 커지거나 작아지는 것을 막아준다.

둘째, 정보의 크기를 명확하게 파악한다.

그 정보에 상대방의 주관적인 판단이 얼마나 개입되어 있는가를 냉정하게 가려내야만 한다. 그리하여 상대방이 내게 주고자 하는 알맹이를 파악하고 조치를 취하도록 한다.

예를 들어, 가르치는 학생이 숙제가 많다고 불평한다고 해서 회초리를 들 수는 없다. 다만 선생님은 그 학생이 왜 공부하기를 싫어하는지, 숙제하는데 걸리는 시간을 명확하게 규정하고, 숙제의 양을 함께 결정하면 된다.

그것을 몇 시간, 몇 페이지 등으로 확실하게 해두면 학생은 더 이상의 변명을 못 하고 자신이 할 수 있는 책임량을 소화해낼 것이다.

셋째, 사물의 가치를 단정짓지 않는다.

사람들은 누군가를 만나면 그 사람의 가치를 판단하려고 한다. 곧 그 사람의 성질과 지식 정도, 경제적 능력, 학력, 인맥 등등 관심어린 모든 부분을 검색하려 하고, 그로 인하여 자신에게 어떤 이득이 있을 것인가를 본능적으로 파악하려 한다. 그 다음에는 이것이다, 아니다 하는 흑백 논리로 가치를 단정짓게 된다.

이런 마음은 우리가 어떤 물건을 구입할 때의 마음이다. 이는 한 대상을 하나의 물건처럼 평가하여 마음에 들면 다가서고, 마음에 들지 않으면 외면하려는 고약한 습관이다.

이 세상은 극단으로만 이루어져 있지 않다. 재벌이 있다면 거지가 있고, 대통령이 있다면 말단공무원이 있다. 그 가운데 회색의 공간, 거기에는 보통 사람들과 같은 수많은 존재들이 있다.

우리가 겪고 있는 어떤 사물이나 현상들도 마찬가지다. 사물이나 현상의 대부분은 회색 공간에 놓여 있다. 그러므로 확정적인 것은 없다. 조화로움만이 있을 뿐이다.

다시 말해 새로운 상품이 나왔는데 이것이 잘 팔릴 것이다, 아니다 하는 문제로 다투는 일은 쓸데없는 짓이라는 뜻이다.

그보다는 상품의 질은 믿을 만한가? 잘 팔기 위해서는 어떻게 해야 좋은가? 얼마만큼의 광고비가 들어가야 할 것인가? 등등의 세부적인 판단이 필요하다.

넷째, 미리 판단하지 않고 상황에 따라 신축성있게 대처한다.

어떤 사람들은 종종 특정한 상황 속에서의 결단을 주저한다. 때문에 그들은 하루에 이를 몇 번 닦는가, 목욕은 며칠마다 할 것인가 등의 일반적인 일은 규칙으로 정해놓고 행하지만, 갑작스러운 일이 생기면 자신의 감정과 입장을 고려하여 정확한 결단을 내리지 못한다.

이런 나름의 규칙에도 함정이 있다. 사회에서 발생하는 많은 사건들은 완전하다고 믿는 규칙에 어긋나는 경우가 많기 때문이다. 하지만 이런 규칙의 틀에 얽매인 사람들은 문제를 개선시키거나 해결하지 못한다.

어떤 회사는 영업사원의 학력을 대졸 이상으로 사규에 정해놓고 있다. 그러나 이 회사의 영업부는 실력이 뛰어난 영업사원을 채용해야만 새로운 상품을 효과적으로 판매할 수 있다는 생각을 가지고 있었다.

한데 마침 점찍은 사람의 학력이 고졸이었다. 이런 때 고지식하게 사규만을 고집한다면 그 회사는 스스로의 규율에 발목이 잡히는 셈이 되고 만다.

다섯째, 자신의 의견을 말할 때는 반드시 이치에 맞는 증거를 밝힌다.

흔히 우리는 상대방의 정보 가치를 논리적으로 따지기 전에 정보 제공자의 인상을 보고 참과 거짓을 결정한다.

예를 들면, 면접에서 귀공자 타입의 얼굴은 그렇지 않은 사람보다 유능하고 양심적으로 보인다. 하지만 이는 선입견에 지나지 않는다. 그 사람이 유능하고 양심적인가의 판단은 실제로 일을 시켜보아야만 알 수 있다.

이와 마찬가지로 사람들은 어떤 현상을 말할 때 명백하게 밝혀진 사실보다는 자신의 희망 사항에 의존하려는 경향이 있다.

'요즘 주식이 아주 괜찮아. 내가 투자를 해보니까…….'

'요즘 학교가 썩었어. 선생님들이 말이야…….'

'그 회사 직원들은 하나같이 사기꾼들이야…….'

바로 이런 때에 숨어 있던 고정관념이 힘을 발휘한다. 자신의 말이 사회적으로 어떤 영향을 끼치게 될 것인지는 생각지도 않는다.

그러므로 우리는 어떤 사람이 특정한 사안에 대하여 말할 때 감정이 개입되어 있다고 느껴지면 지체없이 명확한 증거를 요구해야 한다. 그리하여 그런 헛소리가 더 이상 확산되지 않도록 해야 한다.

자신 역시도 마찬가지다. 어떤 주장에 대하여 타당한 이유를 말할 수 없다면 입을 열지 않는 게 좋다. 섣부른 말이 불행의 씨앗이 될 수도 있기 때문이다.

반대는 관심의 또 다른 표현

우리가 대화를 나눌 때 긴혹 반대의견에 부딪치는 경우가 생긴다. 이럴 때 어떻게 대처해야 하는가?

먼저, 반대는 관심의 또 다른 표현이라는 점을 명심하여야 한다. 만약 그 주제에 관심이 없다면 아무런 느낌이나 의견도 없을 것이기 때문이다.

반론이 나왔을 때, 그것은 곧 말하는 사람에게 당사자를 설득할 수 있는 기회가 주어졌음을 의미한다.

반대란 일면 그 주장을 긍정하면서도 말하는 사람에게 설득당하고 싶지 않은 자존심의 표출일 수도 있다. 어떤 경우에는 불완전한 자신의 생각을 바꾸어야만 한다는 강박관념 때문에 더욱 격렬해지기도 한다.

이와는 달리, 너무 쉽게 이쪽의 의견에 동의하는 바람에 말하는 사람이 당황하는 경우가 있다.

상대방을 설득하기 위해 심혈을 기울이면서도 어느 정도의 반발을 예상하고 있었는데, 의외로 순순하게 고개를 끄덕인다면 우리들은 고개를 갸웃거리게 된다. 그것은 찬성을 위장한 반대일 수 있기 때문이다.

이런 의구심이 고개를 들면 더 이상 설득할 기운이 없어진다. 상대방은 무관심으로 대응하고 있는 것이다.

이럴 때는 자신의 의견에 따르겠다는 확약을 강하게 요구하는 수밖에 없다. 그에 따른 계획과 행동을 보장해 달라고 말이다. 만일 그가 순순히 요구에 응한다면, 그 동의는 진심이라고 생각해도 좋다.

또 다른 경우, 이쪽의 태도가 강력하면 할수록 상대방은 이쪽의 태도에 반감을 느끼고 마음의 문을 닫아버릴지도 모른다. 이럴 때는 상황에 따라 간단한 충고나 조언으로 마무리할 수도 있다. 더 이상의 대화는 무의미하기 때문이다.

예를 들어 당신이 직장 상사인 경우, 부하와 함께 업무에 대한 의견을 나눈다고 하자. 부하의 능력으로 보아 약간의 반대 의견이 있을 법도 한데 아무런 말이 없다.

그럴 때는 부하가 확실하게 자신의 의견대로 일을 처리할 것인가를 구체적으로 따져보아야 한다. 즉, 업무처리에 대한 행동 방법이나 요령을 브리핑하도록 명령하는 것이다.

그렇게 되면 부하가 과연 완전하게 그 내용을 긍정했는지를 확인할 수 있게 된다.

당신이 부하인 경우, 상사의 의견에 문제점이 있다면 그것을 직접적으로 표현하는 것보다는 가르침을 청하는 방법으로 부드럽게 상황을 바꾸어 나갈 수 있다.

직장에서는 종종 아랫사람이 회사의 경영 정책이나 중요 결정사항 등에 대하여 표현하는 것이 껄끄러운 경우가 있다. 즉, 상사의 감정적인 문제를 고려하지 않을 수 없다는 뜻이다.

이럴 때 우리는 마음의 갈등이 더 큰 반대를 부를 수 있다는 점을 명심해야만 한다. 그러므로 다음과 같이 상대방의 체면을 세워주면서 가르침을 청하는 형식을 활용하는 게 좋다.

"듣고 보니 제 생각이 짧았습니다. 한데 이런 의문이 생기는군요. 그런 점에 대해서 어떻게 해야 할지 좀 가르쳐주십시오."

이런 방법은 어떤 유형의 상사에게든 당신을 신뢰할 수 있는 여지를 안겨준다.

언제나 대화의 주역이 '내'가 아니라 '우리'란 점을 명심하도록 하자. 그렇게 되면 당신을 향한 준비된 반대라 할지라도 쉽게 튀어나오지 못한다.

이치에 맞지 않는 반대의 다섯 가지 특성

1. 격렬하게 반대한다.

2. 지나치게 완고한 태도를 버리지 않는다.

3. 내용과 상관없는 말을 하여 주제를 흐리려 한다.

4. 비논리적인 이론을 주장한다.

5. 전혀 다른 의견을 제시한다.

대의명분을 주어라

 사람은 본디 상대를 믿고 싶은 마음과 반대하고 싶은 두 가지의 마음을 가지고 있다. 이 두 마음 사이에서 방황하면서 결정을 내린 마음의 표출이 곧 그 사람의 행동이다.

 때문에 신중하고 완고한 사람들은 경험에 의해 자신의 행동을 규제하곤 한다. 그렇다고 그들이 전혀 믿고 싶어하지 않는 것이 아니다. 오히려 내면에는 믿으려는 마음이 더욱 강렬하다.

 그러므로 우리는 그런 사람들의 무의식의 기대에 부응하기 위해서, 그렇게 하는 것이 자신은 물론 상대에게도 이득이 된다는 이유를 항상 준비해 두어야 한다.

 그들은 납득할 수 있는 대의명분만 주어진다면 언제든지 이쪽의 이야기에 귀를 기울이게 된다.

 능력있는 세일즈맨은 비싼 화장품이나 모피 상품을 손님

에게 권할 때 이렇게 말한다.

"아름다워지면 남편께서도 좋아하실 겁니다."

이 말을 듣는 여성은 자신의 만족을 위해 많은 돈을 쓰는 것을 주저하다가 비로소 탈출구를 얻는다. 그것은 남편이 좋아할 것이라는 대의명분 때문이다. 그래도 망설이는 마음이 남아 있다고 생각되면 또 다른 명분을 던져준다.

"되팔 때도 비싼 값으로 받을 수 있습니다."

이렇게 되면 아무리 망설이던 고객이라도 대부분 지갑을 연다는 것이다.

대의명분이란 곧 명예롭다고 여겨지면 어떤 위험이라도 감수하고 시도할 수 있는 행동의 지표와도 같다.

이것이 없다면 인간은 방향을 잃은 배와 같다. 어떤 면에서는 목표를 향해 나아가는 자존심 같은 것이다.

한데 이런 대의명분이 정치적으로나 사회적으로 부정적인 측면에서 많이 이용되기 때문에 마음이 불편해지기도 한다.

'친구를 위해서라면', '전우를 위해서라면' 따위의 표현들조차 그 뒷부분은 '무슨 일이든' 할 것 같은 부정적인 어감을 준다.

하지만 그것은 일종의 선입견이다. '무슨 일이든'이 아니라 '최선을 다한다는' 뜻이다.

유연하게 설득하는 방법

 설득이란 어떤 문제에 대하여 대화를 나누면서 상대방으로 하여금 이쪽에서 원하는 생각이나 행동을 하게끔 유도하는 것이다. 한마디로 말하자면, 설득이란 곧 목적을 가지고 시작한 대화를 말한다.

 우리는 일상에서나 사회생활에서나 필요에 따라 종종 설득하기도 하고 설득당하기도 한다. 어느 쪽이든 목적 의식을 가지고 대화를 시작했다면 그 안에는 설득하고자 하는 의도가 숨어 있다.

 예를 들면 부모가 자식들을 타이른다거나, 변호사가 피고를 변호하기 위해 변론을 한다거나, 사랑하는 남녀가 상대방의 마음을 사로잡기 위해 달콤한 말을 속삭이는 등등은 분명 설득의 일종이다.

 이런 말들은 상황에 따라, 상대방에 따라 표현 방법이 다르다. 그러나 상대방을 자신이 원하는 방향으로 이끌어내기 위해 설득한다는 면에서는 똑같다.

그렇다면 상대방을 설득하기 위해서는 어떻게 해야 하는가?

첫째, 상대방이 자신의 말을 부담없이 받아들일 수 있도록 분위기를 조성해야 한다.

사람은 누구나 자신을 설득하려는 분위기를 좋아하지 않는다. 다른 사람의 말에 따라 자신이 유지하고 있던 느낌이나 성격, 가치관 등을 바꾸는 것은 실로 부담스럽다.

그러므로 이런 내면의 심정을 이해하고 듣는 사람으로 하여금 최대한 편안한 기분이 될 수 있도록 배려하여야 한다.

둘째, 상대방이 질문할 수 있도록 이야기에 여운을 남겨둔다.

사람들이 설득을 받아들이는 모습은 여러 가지 형태로 나타나는데, 그중 대표적인 것이 궁금한 것을 묻는 경우이다. 그러므로 말을 단적으로 끊어서 설명하지 말고 많은 질문을 할 수 있도록 도와주어야 한다.

셋째, 상대방이 마음을 정리할 수 있도록 시간을 주어야 한다.

그는 우선 그 순간을 모면하기 위해 엉뚱한 주제를 꺼내거나 이치에 맞지 않는 변명을 늘어놓을지도 모른다. 그것은 설득하고자 하는 사람의 주장을 인정하기 싫기 때문이다.

그러므로 억지로 결론을 이끌어내면 안 된다. 끈기를 가지고 서서히 접근해야 한다.

넷째, 상대방의 약점을 파악한다.

그의 약점이 눈에 띄지 않는다면 그는 장점이 많은 사람일 수도 있다. 그렇게 되면 그에 대한 설득을 포기해야만 한다. 하지만 그에게 약점이 분명하게 있다면 그 스스로 잘못을 고치기 위해 당신의 말에 귀기울일 것이다.

'한 방울의 벌꿀이 1갤런의 국물보다 더 많은 파리를 들끓게 한다.'라는 말이 있다.

파리나 인간이나 마찬가지다. 상대방을 자기 의견으로 끌어들이고 싶을 때는 상대방과 자신이 한편이라는 점을 납득시켜야만 한다. 바로 거기에 그의 마음을 사로잡는 한 방울의 벌꿀이 있다.

이것이야말로 상대방에게 접근하는 가장 빠른 길이다. 자신의 판단을 상대에게 강요하거나, 행동을 규제하려 하거나, 깔보는 듯한 태도를 취한다면 아무런 목적을 이룰 수 없다.

이런 면에 대하여 링컨은 단언했다.

'자신을 가장 관심있는 목표로 이끌어주는 지도자라 할지라도 자신의 기분을 이해해주지 않는 자의 뒤를 따르지는 않는다.'

아름다운 마음에 호소하라

'인간의 행위에는 두 가지 이유가 있다. 그 한 가지는 그럴 듯하게 윤색된 이유, 또 다른 한 가지는 진실한 이유이다.'

은행가이며 미술품 애호가인 몰간의 말이다. 인간은 누구나 이상주의적인 착각을 가지고 있다. 자신의 행위가 아름답다고 여기는 것이다. 그러므로 우리는 진실한 이유가 목적하는 바에 합치되지 않을 때 상대방의 숨겨진 욕망, 즉 아름다운 마음에 호소하면 의외의 효과를 얻을 수가 있다.

영국의 노크리프 경은 공개하고 싶지 않은 자신의 사진이 신문사에 들어갔음을 알고 무척 고민하였다.

그는 곰곰이 생각한 끝에 편집장 앞으로 편지를 썼다. 그 내용은 자신의 사진을 싣지 말라는 것이 아니었다. 그는 다음과 같이 아름다운 마음에 호소했다.

'그 사진을 제발 발표하지 말아주십시오. 어머님이 매우 싫어하는 사진이기 때문입니다.'

거부인 록펠러 2세도 아이들의 사진이 신문에 발표되는 것을 막기 위해 어린 자식들을 사랑하는 부모의 심정으로 호소했다.

'여러분도 아이들이 있을 테니 제 심정을 이해해주리라 믿습니다. 아이들의 얼굴이 세상에 알려지면 장래에 불행한 결과를 초래할지도 모르기 때문입니다.'

또 빈민가에서 태어나 〈새터데이 이브닝 포스트〉지 등을 키워낸 입지전적인 잡지 발행인, 사일러스 커티스는 초창기에 다른 회사와 같은 수준의 원고료를 지불할 능력이 없었다.

특히 유명한 작가의 원고료는 감당할 수가 없었다. 그때 그는 그 작가의 아름다운 심정에 호소하는 방법을 사용하였다.

당시 일급 작가로 대우받던 올코트 여사에게 청탁을 한 다음, 그는 그녀가 헌신적으로 지지하던 자선단체에 100달러짜리 수표를 보내어 결국은 원고를 받아내는 데에 성공했다.

물론 이런 방법은 까다로운 사람에게는 통하지 않을지도 모른다. 하지만 어떤 사람이든 자신이 좋은 심성을 가지고 있다고 믿기 때문에 그 심성에 호소하는 것도 어느 정도 효과가 있다.

전설적인 강도 제시 제임스나 악랄한 마피아의 두목 알 카포네도 자신이 선한 일을 한다고 믿었다고 한다.

누구에게나 윤색된 희생정신은 있다. 바로 당신도 마찬가지다.

은혜를 베풀게 하라

 사람들은 누구나 은혜를 베풂으로써 자신의 중요성을 내보이고 싶어하는 마음을 가지고 있다. 이는 곧 상대방보다 자신이 우월한 위치에 있음을 증명하려는 의식에서 비롯된다.

 따라서 자신이 상대하기 힘든 사람이 있을 때 그로 하여금 은혜를 베풀 수 있는 조건을 만들어주도록 하자.

 이때 조심해야 할 사항이 있다. 인간은 자신이 중요한 존재가 되고 싶어하지만, 성의 없고 속 보이는 아첨에는 결코 속아 넘어가지 않는다. 반드시 진심을 담아야만 한다.

 벤저민 프랭클린은 젊었을 때 필라델피아 주의회의 사무관으로 있으면서 인쇄소를 경영하였다. 그래서 의회의 인쇄물을 거의 독점하다시피 하여 막대한 이익을 챙기고 있었다.

 그런데 어느 주의원이 그런 그를 못마땅하게 여기고 사사건건 비난을 하였다.

프랭클린은 이대로 그냥 두었다가는 자신의 일이 언제 쟁점 사항으로 떠오를지 모른다는 위기감에 사로잡혔다. 어떻게 하든 그의 마음을 돌려놓아야만 한다는 생각이 들었다.

그때 프랭클린은 그 의원이 매우 희귀한 책을 가지고 있다는 소문을 들었다. 프랭클린은 즉시 그에게 며칠 동안 그 책을 빌려주면 고맙겠다는 내용의 편지를 썼다.

이내 책이 배달되어 왔다. 일주일 뒤 그는 책을 돌려보내면서 의원님의 호의에 깊이 감사드린다는 내용의 편지를 동봉하였다.

그로부터 며칠 뒤 프랭클린이 의회에 나가자 그 의원이 먼저 그를 불러 아는 척을 했다. 그리고 그후 모든 일이 잘 풀렸음은 두말할 필요도 없다.

프랭클린은 어려운 상대에게 먼저 호의를 구함으로써 상대방에게 신뢰감을 주었다. 그후 맺어진 두 사람의 우정은 죽을 때까지 이어졌다.

알버트 암젤은 난방장치 자재 세일즈맨이었다.

그는 어떤 공사청부업자에게 자재를 팔기 위해 여러 해 동안 애를 썼지만 잘되지 않았다. 그 사람과 거래를 하게 되면 많은 이익이 예상되었지만 도무지 암젤을 상대해주지 않았다.

그는 무뚝뚝하고 난폭한 성격이었는데, 그런 자신을 자랑스럽게 여기고 있었다. 때문에 암젤을 만나면 이렇게 큰 소리로 고함을 쳐대곤 하였다.

"오늘은 다 필요없어. 썩 돌아가."

이런 상황인지라 보통 방법으로는 도저히 그와 거래를 성사시킬 수 없었다. 그래서 암젤은 다른 방법을 써보기로 했다.

당시 그의 회사는 청부업자가 사는 동네에 지점을 개설할 계획을 세우고 있었다. 암젤은 이것을 미끼로 삼고 그를 찾아갔다.

"오늘은 일 때문에 온 것이 절대 아닙니다. 단지 개인적으로 드릴 말씀이 있어서 찾아왔습니다. 잠깐만 시간을 좀 내주십시오."

"그게 뭐지? 빨리 이야기하고 나가도록 해."

"다름이 아니라 저희 회사가 선생님 동네에 지점을 개설하려고 하고 있습니다. 그런데 그쪽 지역 사정은 저희들보다 선생님께서 훨씬 잘 아시지 않습니까? 그래서 지점 개설에 따른 여러 가지 문제점에 대하여 자문을 좀 구하려는 것입니다. 제발 부탁드립니다."

이 말을 들은 청부업자는 깜짝 놀랐다. 그는 지금까지 많은 세일즈맨들에게 욕설을 퍼부음으로써 우월감을 느껴왔다. 하지만 이 암젤이란 친구는 자신에게 회사 사업에 대하여 의견을 구하고 있는 것이다.

그것은 자신의 가치가 욕설을 퍼부어 얻는 것과는 비교도

할 수 없을 만큼 상승되어 있다는 반증이었다. 때문에 그 위치에 걸맞은 태도가 자연스럽게 흘러나왔다.

"뭐가 뭔지 도무지 알 수 없군. 자, 어쨌든 여기 앉으시오."

청부업자는 그때까지 서 있던 암젤에게 의자를 권했다. 그로부터 약 한 시간이 넘도록 그는 자상하게 자신의 경험과 지식을 바탕으로 지역 사정과 업계 상황 등에 대하여 이야기해주었다.

그리고 마지막에는 사업 이야기를 떠나 개인적인 고민까지도 털어놓는 것이 아닌가.

마침내 그와 헤어져 사무실을 나오는 암젤의 가방에는 많은 연통을 주문하는 주문서가 들어 있었다. 그리고 두 사람은 세일즈맨과 고객의 관계를 넘어서 가장 친한 관계가 되었다.

이렇듯 상대방으로 하여금 우월감을 갖게 하는 방법을 활용한다면 상대의 닫힌 마음의 문을 활짝 열 수 있다는 점을 명심하자.

카네기 지침

인간에게 있어 가장 필요한 능력은 무엇일까? 관리자의 능력, 위대한 정신력, 친절한 마음, 용기, 유머를 이해하는 마음…… 이런 것들이 아니다.
물론 어느 것이나 극히 중요하기는 하지만, 내 생각으로서는 친구를 만드는 능력이다. 한마디로 말하면 상대에게서 최대의 장점을 찾아내는 능력이다.

성공은 가정에서 비롯된다

'인간의 맹목성이란 자기 이외의 동물이나 타인의 감정에 대하여 무감각한 것을 말하는데, 우리 모두가 이런 경향을 띠고 있다.

고객이나 동료에게는 절대로 험한 말을 하지 않는 남자들도 아내에게 있어서는 그렇지 않다. 하지만 참다운 행복을 얻기 위해서는 일보다 결혼생활을 중요시해야 한다.

비록 평범하더라도 행복한 가정생활을 꾸려나가는 사람이 그렇지 못한 독신의 천재보다 훨씬 행복하기 때문이다.'

이 말은 윌리엄 제임스의 〈인간의 맹목성에 대하여〉라는 논문의 한 구절이다.

우리는 가정에서 의외로 예의바르지 못한 행동을 예사로 하고 있다. 한마디로 예의가 없는 것이다. 회사에서 일이 잘

풀리지 않았다거나 개인적인 불쾌감을 왜 가족들에게 화풀이하는가?

이에 대하여 도로시 딕스 여사는 이렇게 한탄한다.

"우리들에게 독설을 퍼붓는 사람이 가족 중의 한 사람이라는 것은 실로 놀라운 사실이다."

네덜란드에서는 집에 들어가기 전 입구에서 구두를 벗는 습관이 있다고 한다. 그것은 그날 있었던 괴로움을 집안으로 끌고 들어가지 않겠다는 다짐이라고 한다.

러시아의 소설가 투르게네프는 가정이 주는 행복감을 너무나도 잘 알고 있던 사람이었다. 그는 이렇게 말한다.

"나를 위하여 저녁상을 차리고 있는 여성이 어딘가 있다면, 나는 모든 재능을 내던져도 아까울 것이 없다."

사실 백만의 재산을 만드는 것보다 사랑스러운 아내와 평화롭고 행복한 가정을 이끌어가는 것이 훨씬 의미있다는 것을 알면서도 대부분의 남편들은 그에 대한 참다운 노력을 게을리 하고 있다.

인생이란 정해진 운명대로 흘러가지 않는다. 따라서 운명이란 자신이 만들어가는 것이다.

화합된 가정에서 성공의 윤활유가 흘러나온다. 가정은 스트레스를 푸는 장소가 아니라 행복의 비단을 짜는 장소이다.

아내를 기쁘게 하는 방법은 누구나 다 알고 있다.

낡은 옷이라도 잘 어울린다는 칭찬 한마디만 해주면 아내들은 옷 욕심을 내지 않는다. 아내의 눈에 키스해주면 그녀는 장님처럼 당신을 껴안을 것이다.

모든 아내들의 불만은 그것이다. 당신이 다 알면서도 아무것도 행하지 않는 것.

성공의 기반은 가정에서 비롯된다. 약동하는 생명력은 아내와 아이들의 눈빛에시부터 출발한다. 거기에서 새롭게 분출되는 에너지가 당신의 의지를 조종한다. 그것이 바로 성공의 시작이다.

행복한 가정을 만드는 열 가지 방법

1. 잔소리를 하지 말라.

2. 상대방의 장점을 인정해주어라.

3. 서로의 허물을 덮어주어라.

4. 칭찬을 아끼지 말라.

5. 사소한 일에도 관심을 기울여주어라.

6. 공손하게 예절을 지켜라.

7. 올바른 성 지식을 공부하라.

9. 남편만의 오락을 권장하라.

10. 아내는 가정 이외의 일에도 관심을 가져라.

잔소리를 하지 말라

 프랑스의 황제 나폴레옹 3세는 스페인의 가난한 귀족 가문의 마리 유제니라는 미인을 왕비로 맞아들였다.

 일부 신하들의 반대가 있었지만 그의 귀에는 어떤 험담도 곧이 들리지 않았다. 그녀의 우아하고 명랑하며, 거울처럼 해맑은 미모가 젊은 황제의 마음을 사로잡았기 때문이었다.

 그리하여 그들 부부는 건강과 부와 명예, 그리고 사랑이라는 지상에서 찾아볼 수 없는 완벽한 결합의 모델이 되었다. 사랑의 힘이 그들에게 기쁨과 행복을 주었다.

 그때까지 서구 왕족들의 혼인이 대부분 정략적이었지만 그들은 달랐다.

 하지만 이런 지극한 사랑만으로 만족하지 못하는 것이 황제의 권력인 모양이다. 두 사람의 열렬했던 사랑은 나폴레옹 3세의 외도로 인하여 곧 지독한 증오로 바뀌게 되었다.

따뜻한 유제니의 마음은 그만큼의 크기로 얼어붙었다. 질투와 시기, 분노의 포로가 된 유제니는 황제에게 온갖 잔소리를 퍼붓기 시작했다.

그녀에게 있어서 황제란 더 이상 소중한 남편이 아니라 원수일 뿐이었다. 그리하여 유제니는 황제를 골탕먹이기 위해 사사건건 말썽을 부리기 시작했다.

신하들과 회의하는 자리에 나타나서 훼방을 놓기도 하고, 그가 밖에 나갈 때마다 따라나서며 감시의 눈초리를 게을리 하지 않았다.

당시에는 황제라고 해도 왕비에게 함부로 대할 수 없었기 때문에 나폴레옹 3세는 고스란히 그녀의 잔소리를 감내할 수밖에 없었다. 결국 그는 황제라는 권력 위치에 있으면서도 잔소리하는 아내를 가진 불행한 남자로 전락했다.

이처럼 뜨거웠던 사랑의 깊이만큼 미움도 깊어져 가는 것일까?

한 남자를 사랑하고 한 여자를 사랑하는 그 정도가 무너지면 두 사람의 사랑도 무너진다. 그 골은 그 누구도 메울 수 없다. 그들에게는 비극만이 남게 된다.

잔소리의 세 가지 원인

1. 병적인 증세
몸이 좋지 않으면 가까운 사람에게 그 원인을 돌리고 공격적으로 변하는 수가 있다.

2. 심한 피로
지친 마음에 스트레스를 풀기 위해 하는 말이 점점 짜증이 섞여 잔소리가 된다.

3. 적대의식
재산문제, 친척간의 문제, 유년기의 기억, 애정의 결핍, 성적 불만족, 자신에 대한 불안감 등으로 생겨난다.

바람직한 경청의 자세

남의 이야기에 귀를 기울일 줄 아는 사람이라면 그는 사회적으로 매우 발전적인 재산을 가지고 있음을 의미한다. 왜냐하면 그는 상대방이 누구든 그의 말을 이해해준다는 느낌을 줄 것이기 때문이다.

교양인이란, 자신이 잘 아는 일이라 할지라도 그 분야에 대하여 무지한 사람이 말할 때 무시하지 않고 관심과 흥미를 가지고 경청하는 사람을 일컫는다.

이런 사람과 만나면 이야기하는 사람은 상대방에 대하여 좋은 인상을 받고 대화를 긍정적으로 이끌어가려는 마음이 생기게 된다. 그렇게 되면 그 주제가 상담이든 교육이든 협상이든 간에 바람직한 결과가 나오리란 것은 분명하다.

이렇듯 좋은 경청자가 되기 위해서는 세 가지 조건이 필요하다.

첫째, 온몸으로 들어야 한다.

듣는 사람이 아무런 반응도 없는데, 이야기를 계속할 사람은 없다. 만일 있다면 그는 지극히 무신경하거나 건성으로 말하고 있는 상태일 것이다.

자신의 이야기에 상대방이 집중하고 있다는 것을 알면 허튼 말을 하지 못한다. 좀더 성의를 기울여 명확하게 표현하려고 노력하게 된다. 그러므로 당신은 귀로만 들을 것이 아니라 온몸으로 듣고 있음을 보여주어야 한다.

둘째, 자신이 원하는 답을 유도하는 질문을 해야 한다.

그것은 질문한 사람이 기다리고 있는 어떤 대답을 교묘하게 암시하는 질문이어야 한다. 때론 단도직입적인 질문으로 대화에 활기를 줄 수도 있다.

대개 우리는 날씨나 주식 시세, 건강 따위보다는 새로운 아이디어나 새로운 느낌 등을 이야기할 때 훨씬 더 생기 넘치고 발랄해진다. 그러한 때 효과적인 질문은 이야기의 농도를 보다 짙게 만들어준다.

셋째, 결코 신뢰를 배반하는 짓을 하지 않는다.

타인에게 들은 사적인 이야기는 결코 남에게 이야기해서는 안 된다. 그것이 전혀 엉뚱한 경로를 통해 전파되어 그 사람에게 돌이킬 수 없는 상처를 줄 수도 있다. 그러므로 마음을 열고 이야기하는 자리에서는 결코 그 이야기가 다른 곳으로 흘러가지 않으리란 믿음을 주어야만 한다.

예를 들어 남편이 털어놓았던 진실을 부부싸움에 이용하는 아내들이 있다. 이렇게 말이다.

"당신은 공연히 쓸데없는 물건을 사서 후회한 적이 있잖아요? 그러면서 내가 옷을 좀 비싸게 샀다고 어떻게 그런 말을 하냐고요? 나만 낭비하는 게 아니잖아요?"

이 순간 그녀는 현명한 경청자의 자격을 상실해버리고 만다. 남편은 다시는 그녀에게 자신의 약점을 이야기하지 않을 것이다.

진실한 고백을 이용해서 이득을 취하려는 마음을 가져서는 안 된다. 그것은 너무나 고약한 짓일 뿐만 아니라, 자신의 인격을 땅에 팽개치는 행위와 다름없다.

이런 면에서 우리에게 하루의 일을 털어놓고 이야기할 수 있는 상대가 있다는 것은 매우 중요한 의미를 지닌다.

직장에 나가는 남성들은 가정으로 돌아가면 안식을 원한다. 그리고 아내가 자신의 이야기를 적극적으로 들어주기를 원한다.

사실 직장인들은 사무실에서 벌어진 자신의 일에 대하여 터놓고 이야기할 수 있는 사람이 별로 없다. 잘된 일이든 잘못된 일이든 동료들은 자신의 문제에만 관심을 기울일 뿐,

남의 문제에 귀기울일 만한 마음의 여유가 없다.

그렇기 때문에 집에 돌아와서 실컷 떠들고 토로함으로써 답답한 가슴을 후련하게 정화시키고 싶은 기분이 드는 것이다.

현명한 아내들은 남편의 일을 세세하게 알려고 하지 않는다. 다만 직관적으로 그의 말을 들어주고 그의 어려움을 따뜻하게 위로해 주며 즐거움을 확대시켜준다. 그것은 행복한 가정을 꾸려나가는 기술이기도 하다.

유네스코 위원으로 활동했던 여배우 마너 로이는 이런 마음을 가진 대표적인 여성이었다. 그녀는 이렇게 말했다.

"때로는 제가 말하고 싶어도 참아야 할 때가 있습니다. 의미 없는 수다로 상대방을 어리둥절하게 하느니보다는 스핑크스와 같은 지혜를 지닌 경청자가 되는 편이 얼마나 좋은지 저는 알고 있답니다."

경청하는 사람의 세 가지 마음자세

1. 온몸으로 상대방의 말에 귀를 기울인다.

2. 대화를 진전시키는 질문을 한다.

3. 상대방의 신뢰를 저버리는 짓을 하지 않는다.

자신의 힘을 의심하지 말라

어느 용감한 군인이 있었다. 그는 2차 세계대전 중 보병부대의 소총수로서 용감하게 전선을 누비고 다닌 인물이었다.

노르망디 해안에 상륙했던 2백여 명의 군인 중 그는 유일한 생존자였으며, 훗날 영웅적인 전투로 훈장까지 받았다.

언젠가는 야간에 적진으로 침투하여 파괴작전을 수행하기도 했고, 적의 포위망에 갇힌 아군을 구출해내는 임무를 성공적으로 달성하여 지휘관들을 감탄케 하였다.

또 정보부대의 명령에 따라 독일군 고위 장교 다섯 명을 포로로 잡아내어 그들로부터 중요한 정보를 빼냈다. 연합군은 그 정보를 바탕으로 작전을 펼쳐 대승을 거둘 수 있었다.

그의 성격은 몹시 호방하고 대담해서 많은 에피소드를 만들어냈다. 한 번은 그가 이끄는 분대가 적진 바로 코앞에서 참호를 파고 주둔해 있을 때였다.

분대원들이 몹시 목이 마르다고 하소연하자 그는 몇 명의 대원들을 데리고 미리 보아둔 근처의 맥주공장에 가서 커다란 맥주통을 짊어지고 본대로 향했다.

맥주공장에서 그들의 진지에 이르는 길은 독일군의 포탄이 수시로 떨어지는데다가 저격수들이 항시 매복해 있어서 일명 죽음의 길로 알려져 있는 통로였다. 하지만 그는 대원들과 함께 포탄과 빗발치는 총알을 피하면서 사지를 통과하여 전 대원들과 함께 축배를 들었다.

그런데 이렇듯 온갖 위험과 고통을 이겨낸 백전노장이 전역하고 나서는 이상하게도 치과의사를 저승사자처럼 무서워했다.

그는 치과에 가기 전날부터 겁에 질려 아무 일도 하지 못했다. 사실 치과에 가면 스케일링을 한다거나 충치로 생긴 치아의 구멍을 아말감으로 메우는 정도인데도 말이다.

그는 진료의자에 앉는 순간부터 땀을 흘리기 시작한다. 드디어 치과용 드릴이 왱왱거리며 돌아가기 시작하면 팔걸이를 꽉 움켜쥐고 와들와들 떤다. 도대체 무슨 까닭일까?

그는 전쟁터에 있을 때에는 자신을 자랑스럽게 여기고 있었다. 그 때문에 어떤 위험이 닥쳐도 싸워 이길 수 있다는 자신감을 가지고 있었다.

그런데 전쟁이 끝나 군복을 벗고 사회에 돌아온 그는 모든 일이 무의미해졌다. 애써 얻은 직장 일도 하등 가치가 없는 듯 느껴졌다. 또한 하루하루가 하릴없이 삶을 연명하는 과정으로만 여겨졌다.

 심각한 패배감이 그의 뇌리를 지배하고 있었던 것이다. 그 마음 때문에 사소한 치과용 드릴 소리까지도 두려워하게 되었다.

 우리의 진정한 얼굴은 무엇일까? 어제의 모습, 오늘의 모습, 내일의 모습. 우리에게는 성공의 욕망이 있으며, 사랑의 기다림이 있고 두려움과 공포도 있다.

 시시때때로 우리는 스스로의 변하하는 모습을 바라본다. 그리고 그것이 진정한 나의 모습인가를 의심하곤 한다.

 싸움터에서 후퇴하는 나, 걸인에게 연민의 정을 느끼는 나, 열정적으로 일하는 나, 주사바늘에 벌벌 떠는 나…….

 사업에 실패한 사람들의 대다수가 자신의 모습에서 긍정적인 면은 도외시한 채 부정적인 면만을 주시하며 절망하곤 한다. 그것이 자신의 본 모습이 아닌데도 말이다.

 정신이 심약해지면 우선 뒷걸음질치기에 급급하게 마련이다. 그리하여 적극적인 다른 사람들의 의견에 무조건 고개를 숙인다. 실패한 자신의 의견은 하등의 가치가 없는 것처럼 여기는 것이다.

 이렇듯 스스로의 힘을 일단 의심하고 나면 모든 자신감은 사라지고 비굴과 굴종만이 전체를 지배하게 된다. 그것은 곧 완전한 패배의 행로이다.

이런 사람의 결론은 뻔하다. 소외와 고통뿐인 인생……. 그러므로 당신은 누구도 원치 않는 그 질곡 속에서 빠져나와야만 한다.

과거 성공의 기억을 되풀이하여 음미하자. 그리하여 그때의 정신을 잃지 않도록 자신의 부정적인 마음과 싸워 이기도록 하자. 더 이상 패배의 밧줄에 묶여 질질 끌려다닌다면 아무 것도 되지 않는다.

격려하는 사람이 되라

디트로이트 시에 있는 전등회사에 근무하고 있는 젊은 기사가 있었다.

그는 날마다 회사에서 퇴근하고 나면 언제나 자기 집 뒤뜰에 있는 낡은 창고에서 새로운 엔진을 만들기 위해 밤을 새우곤 했다.

농부인 그의 아버지는 아들의 이런 행동을 '미친 짓'으로 여겼다. 동네 사람들도 젊은 기사가 쓸데없는 일로 허송세월하고 있다고 조롱하기까지 했다.

하지만 그의 아내는 남편의 일을 믿고 격려를 아끼지 않았다.

"당신의 꿈은 언젠가 꼭 이루어지고 말 거예요."

그녀는 추운 겨울밤에도 손을 불어가면서 일을 하는 남편을 위해 등불을 비춰주기도 했다. 남편은 그녀를 '나의 신도'라고 놀리기까지 하였다.

그러기를 3년여, 어느 날 마을 사람들은 생전 처음 듣는 시끄러운 엔진 소리에 잠에서 깨어났다.

창 밖을 내다보니 그 젊은 기사가 발 없는 말, 즉 자동차를 타고 거리를 달려가고 있었다. 그것은 말이 끌지 않아도 되는 네 바퀴만으로 굴러가는 수레였다.

마침내 그의 집념어린 연구가 결실을 맺은 것이었다. 이 사나이는 누구인가? 바로 자동차왕 헨리 포드이다.

그는 훗날 다시 태어나면 무엇이 되고 싶으냐는 기자들의 질문에 이렇게 대답했다.

"내 아내와 함께 할 수만 있다면 무엇이든 상관없소."

포드 부인은 모욕과 조롱 속에 꾸준히 연구를 계속했던 남편의 등불이었고 벗이었다.

어떤 남자에게든 자신의 뜻을 감싸주는 여성의 사랑이 필요한 법이다. '어떤 일이 있더라도 나는 당신을 믿어요.'라고 말하는 여성 말이다.

운명이란 때론 사람을 극도의 절망감 속으로 밀어넣는다. 그것은 세상이 끝나는 것같이 지독할 때도 있다. 하지만 그럴 때 믿음으로 격려해주는 사람이 있다면 그 질곡을 보다 빨리 헤쳐나올 수 있다. 그것은 눈에 보이지 않는 자신의 힘이다.

러시아의 세르게이 라흐마니노프는 스물다섯에 이미 세상에 인정받는 작곡가였다.

자신의 재능에 자신만만했던 그는 심포니 한 곡을 썼는데 그것이 비참한 실패로 끝났다. 그때부터 그는 자신의 실력을 의심하기 시작했다.

절망적인 기분이었다. 다시는 작곡을 못할 것만 같았다. 그때 정신과 의사인 콜라스 데일 박사가 방황하는 그에게 이렇게 말했다.

"자네의 몸 속에는 위대한 능력이 잠자고 있어. 이제 그것이 세상에 나오기만 하면 된다네."

라흐마니노프에게 이런 생각을 반복적으로 주입시키자 서서히 그의 마음은 다시 열리기 시작했다. 그는 이듬해 〈피아노 협주곡 제2번〉을 작곡하여 공전의 히트를 거두었다.

격려의 말이란 이렇듯 잠들어 있는 사람의 활력을 일깨워 준다. 패배의 마음을 성공의 분수로 솟아나게 하는 것이다.

카네기 지침

슬픈 눈으로 과거를 보지 말라. 과거는 다시 돌아오지 않는다. 그러므로 현재를 잘 살아가는 것이 현명하다.
현재는 당신의 손아귀에 있다. 환상 같은 미래를 사나이답게 당당하게 맞이하라.

힘을 주는 아내가 되라

프랑스 작가 알퐁스 도데는 창작 의욕을 무디게 할 것이라는 염려로 결혼하기를 꺼려했다. 그러나 훗날 줄리 아란드란 여성을 사랑하게 되면서부터 마음이 바뀌었다.

그녀는 문학에 대단한 감각을 지닌 여성이었다. 때문에 알퐁스 도데의 작품에 대하여 예리한 비평을 해주곤 하였다.

그리하여 알퐁스 도데가 그녀와 결혼하고 나서는 그녀의 의견을 듣기 전에는 한 줄도 더 써나가지 못할 정도가 되었다.

스위스의 자연과학자이며 꿀벌 연구의 권위자였던 후버 박사는 열일곱 살 때부터 앞을 보지 못하는 시각 장애인이었다.

이런 그에게 아내는 자연과학을 연구하도록 격려하고, 자신의 눈으로 관찰한 것을 남편에게 들려주어 논문이 완성될 수 있도록 도와주었다.

아내가 남편의 이야기에 귀를 기울여준다는 것은 매우 중요하다. 더불어 남편의 일에 도움을 준다면 금상첨화일 것이다.

내조란 곧 관심이다. 아이들 뒷바라지와 집안일만으로 눈코 뜰 새 없이 바쁘다는 말은 핑계에 불과하다.

실제로 남편을 돕고자 하는 열의로 그런 많은 일들을 지혜롭게 처리하는 여성들이 있기 때문이다. 물론 남편의 일에 대하여 전혀 알지 못한다거나, 세부적으로 도울 수 없는 분야가 있다.

그렇다고 억지로 공부하라는 말이 아니다. 남편의 일을 이해하고 남편이 도움을 원하는 경우, 적극적으로 행동에 옮길 수 있는 마음가짐을 가지라는 뜻이다.

스위스의 엘리콘에 있는 한 공장에서는 직원 가족들의 공장 견학일을 정해 놓고 있다. 이날이 되면 직원 가족들을 초청하여 공장의 내부를 샅샅이 돌아보게 하고, 각종 기계의 용도와 상품 제작과정 등을 상세히 설명해준다.

이는 곧 공장 운영상의 정책인데, 아내들의 아이디어가 실제 현장에서 성공적으로 반영된 예가 자주 있기 때문이다.

당신이 한 남자의 아내로서 내조를 하고 싶다면 될 수 있는 한 남편의 일을 깊이 이해해야 한다. 그리고 필요하다면 어떤 일이라도 함께 할 수 있다는 생각을 가져야 한다.

카네기 지침

당신이 결혼생활을 하다가 암초에 부딪치면 다음과 같은 방법을 써보아라.
아내의 좋은 점과 자신의 부족한 점을 표로 만들어서 비교해보는 것이다.
어쩌면 이 방법으로 당신은 인생의 전기를 마련하게 될지도 모른다.

하고 싶은 일을 하게 하라

 밤에만 일하는 직업을 가진 남편을 못마땅하게 여겨 남편이 직업을 포기하도록 만든 아내가 있다.

 그녀의 남편은 유명한 관현악단의 주자였는데, 그는 자신의 일을 사랑할 뿐만 아니라 보수 또한 많았다. 하지만 연주회가 밤에 열리는 것이 문제였다. 그의 아내는 남편이 일하는 동안의 고독을 견뎌내지 못했다.

 그리하여 그는 내키지 않았지만 가구 판매원이라는 직업을 선택할 수밖에 없었다. 이러한 결과가 결코 좋게 나타날 리 없다.

 그들의 수입은 예전보다 줄어들고 성공의 기회도 사라져버렸다. 앞날에 대한 희망도, 일에 대한 보람도 없어진 이들 부부의 행복은 파랑새처럼 날아가버렸음은 두말할 나위도 없다.

많은 부부들이 일에 대한 이해 부족으로 이런 좌절을 겪곤 한다. 그것은 대개 남편이 특수한 직업을 가진 경우에 종종 일어나곤 하는데, 여기에는 아내들의 몰이해가 가장 큰 계기가 되곤 한다.

 아내들은 어떤 면에서는 카멜레온처럼 자기 몸의 빛깔을 바꾸어야 한다.

 남편의 직업을 이해하고 그에 맞는 빛깔의 옷을 입지 않으면 결혼생활이 유지될 수 없기 때문이다.

 환상과 현실, 특수한 상황과 보통 생활을 현명하게 융합해 나가지 않으면 안 된다.

 살아가면서 모든 것을 누릴 수는 없다. 많은 여성들이 영화배우나 작가, 음악가 등 인기 직업을 가진 남성들을 동경한다.

 하지만 그녀들은 그와 같은 유명인사들의 아내 노릇을 한다는 것이, 최신 유행하는 의상을 입고 카메라 앞에서 억지 미소를 짓는 것보다 훨씬 부담스럽다는 사실을 모르고 있다.

 남다른 직업을 가진 사람의 아내로 살아가기 위해서는 자신도 남다른 여성이 되어야 한다. 보통 사람이 아닌 대중 앞에서 발가벗고 있어도 미소 지을 줄 아는 유능한 탤런트가 되어야 하는 것이다.

 명성에는 으레 많은 불편이 따르기 때문이다.

로웰 토머스는 노련한 아나운서이며 작가이자 강연가, 스포츠맨이기도 하다.

그는 어디에 있더라도 카메라 앞에 서 있는 것처럼 태연하게 행동하는 인물이었다.

이런 남자의 아내인 프란시스 토머스는 자신의 재능을 숨기고 남편의 일을 돕기 위해 무슨 일이든 마다하지 않는 맹렬 여성이었다.

1차 세계대전이 끝난 후 로웰 토머스가 아라비아의 로렌스와 함께 팔레스타인 분쟁에 관한 강연을 하기 위해 여행할 때 그녀 역시 남편을 따라서 온갖 궂은 일을 다했다.

이슬람 사원에서 기도를 할 때 신도들을 모으는 음악을 작곡하기도 했고, 여행에 관한 일체의 조사 등등 남편의 손발이 되어 일을 해내갔다.

이 모든 일들을 끝내고 미국으로 돌아오자 탐험가, 비행사, 군인 등 남편의 책 속에 나오는 수많은 저명인사들이 집으로 몰려들었다. 주말에는 2백여 명의 손님들로 발 디딜 틈조차 없을 정도였다.

남편이 탐험길에 오를 때면 그녀는 근심 걱정으로 밤을 지새웠다.

독립혁명의 와중에 휩쓸려 남편이 부상을 입었다는 뉴스가 들려왔을 때도, 남편의 비행기가 스페인의 안달루시아 지역에서 추락했을 때도, 티베트의 산악지대를 여행하다 원주민들에게 구조되었다는 소식을 들었을 때도 마찬가지였다.

하지만 그녀는 꿋꿋하게 버텨냈다. 기자들이 몰려오면 웃으면서 남편이 무사할 것이라고 말했다. 당신이 그녀의 처지였다면 어떠했을까?

직업이 특수한 남편과 결혼생활을 하고 있는 여성이라면 다음의 몇 가지 원칙을 생활에 적용해야만 한다. 그것은 현명하게 행복을 만들어 가는 방법이다.

첫째, 순간적인 고통을 웃어넘기며 참고 견뎌라.

둘째, 그 상황이 얼마간 계속될 것이라면 그것을 고쳐나갈 방법을 강구하라.

셋째, 남편의 성공은 동시에 아내인 당신의 성공이라는 점을 항상 염두에 두라.

넷째, 어떠한 경우라도 완전한 만족이란 없다는 점을 명심하라.

카네기 지침

나의 현재는 모두가 아내의 덕분이다. 소녀 시절의 그녀는 나의 가장 친한 친구였으며, 마음 약한 나를 언제나 격려해주었다. 결혼 후에는 저축에 힘을 기울였고, 현명한 투자로 재산을 불려주었다.
우리에게는 다섯 명의 귀여운 아이들과 행복이 있다. 나에게 조금이라도 명성이 주어졌다면 그것은 모두가 아내 덕분이다.

현명한 내조란

 대부분의 아이디어 작업이 컴퓨터 네트워크화 되고 있는 현대는 출퇴근의 번거로움을 피하고 개인의 특성을 극대화하기 위해 가정에서 일하는 재택근무가 각광을 받고 있다.

 하지만 여기에도 단점이 있다. 휴식과 사랑의 공간이 일의 공간이 됨으로써 남편과 아내 사이에 침묵의 시간이 생기게 된 것이다.

 가령 남편이 책상에 앉아 있을 때 아내는 발꿈치를 들고 사뿐사뿐 걸어다녀야만 한다. 아이들도 되도록 자기 방이나 밖에서 놀게 해야 한다. 또 친구들을 불러 수다를 떨 수도 없게 된다.

 이렇듯 일을 집안에서 하게 되면 반드시 봉착하는 난관이 생긴다. 이런 난처한 사태를 맞이한다면 당신은 어떻게 문제를 해결해 나갈 것인가?

교향악단의 작곡가이며 프로듀서인 돈 그리스는 젊은 나이에 이미 많은 명곡을 작곡하여 명성을 얻은 인물이다.

그는 집안에서 자신의 영감을 오선지 위에 그려넣곤 했다. 이층에 서재가 있지만 그는 특이하게도 식탁에서 일하기를 즐겨했다.

하지만 그의 아내인 캐서린 그리스는 조금도 싫은 내색을 하지 않았다. 오히려 남편이 작업에 몰두하고 있을 때면 아이들이 다른 곳에서 놀도록 배려하는 것을 하나의 즐거움으로 생각하는 쪽이었다.

예술가의 아내로서 캐서린은 자신의 힘으로 더욱 나은 작품이 나올 수 있다는 데 대하여 자부심을 가지고 있었다.

그녀는 남편의 식사와 의상을 책임졌다. 또 남편의 매니저 역할을 자청하여 재정적인 부문에 문외한인 남편에게 실질적인 조언을 해주곤 했다.

이렇듯 자신의 위치를 즐겁고 유쾌하게 만들어낸 캐서린은 매우 현명한 여성임에 틀림없다. 그녀는 집안에서 하루종일 일하는 남편을 통하여 자신의 만족까지 이끌어내고 있으니까.

재택근무하는 남편을 돕는 다섯 가지 방법

1. 자신의 일에 전념한다.
남편의 일이 궁금하다고 해서 기웃거린다든지 말을 걸어서는 곤란하다.

2. 일이 잘 안 될 때 남편은 신경질을 낼지도 모른다.
그럴 때면 침착하고 명랑한 태도로 그의 기분을 전환시켜주어야 한다.

3. 자질구레한 일에 남편의 힘을 빌려서는 안 된다.
남편이 집에 없다고 생각해야만 한다. 당신이 그렇게 마음먹지 않는다면 남편은 조용하고 전망 좋은 개인사무실을 얻기 위해 집을 나갈 것이다.

4. 남편이 일하는 동안에는 방해가 되지 않도록 친구와의 전화나 초대를 삼간다.

5. 가족들이 집안에서 편안하게 음악을 듣거나 뛰어놀 수 있는 시간을 정하여 실행한다.
가정의 본연의 모습은 일하는 장소가 아니라 행복의 공간이기 때문이다.

내일을 준비하라

미국의 뉴스 방송인협회 회장이었던 한스 칼텐보움에게는 매우 열성적이며 센스있는 아내가 있었다.

그녀는 언제나 곤란한 상황을 시기적절하게 바꾸는 감각을 발휘하는 여성이었다. 그로 인해 '커트CUT 부인'이라는 별명이 붙을 정도였다.

가령 남편이 사람들과 만나 이야기하는 도중에 주제가 이상한 방향으로 흐르면 그녀는 즉시 주의를 환기시켜 쓸데없는 말을 하지 못하도록 했다.

또 저명인사인 남편에게 팬들의 악수공세가 펼쳐지거나, 그와 오래 이야기하려는 사람이 있으면 그녀는 남편이 그 자리를 빨리 모면할 수 있도록 재치있게 다음과 같이 말해 주곤 했다.

"여보, 모임에 늦겠어요."

언젠가 칼텐보움이 시청에 강연을 하러 갔을 때의 일이다. 남편은 강연 준비 때문에 아침식사를 하는 둥 마는 둥 집을 나섰다.

강연이 시작되자 청중들의 반응은 대단했다. 남편이 준비한 강연 내용이 끝나기가 무섭게 자신들의 궁금증을 해소하려는 사람들의 질문이 끝도 없이 이어졌다.

오전부터 시작된 자리가 점심시간이 지나도 끝날 줄을 몰랐다. 남편의 건강이 걱정된 부인은 빨리 이 강연회를 끝내지 않으면 남편이 지치고 말 것이라 생각하고 즉각 대응책을 행동에 옮겼다.

"질문이 있습니다."

그녀는 이렇게 큰 소리로 말하면서 손을 번쩍 들었다. 돌연한 상황에 남편이나 청중들은 깜짝 놀라 그녀를 주시하였다. 커트 부인의 입에서 무슨 소리가 나올 것인지 모두가 그녀의 입을 주시했다.

좌석에서 일어선 그녀는 이런 상황에 아랑곳하지 않았다. 단지 심각한 어조로 이렇게 말을 하는 것이었다.

"칼텐보움 부인은 선생님께서 언제 이 강연회를 마치고 식사를 하러 가실지 궁금하다고 합니다."

사람들은 즉시 그녀의 말뜻을 알아차렸다. 그로 인하여 칼텐보움은 겨우 주린 배를 채울 수 있었다.

이런 아내는 남편이 아무리 출세를 해도 무시당하지 않는다. 왜냐하면 그녀 없이는 남편의 성공이 불가능했기 때문이다.

이런 아내들은 남편과 더불어 자신이 발전할 수 있는 방법을 알고 있는 사람들이다.

그들은 낯선 곳에 가서도 친구를 사귀고 어떤 위기에서도 흔들리지 않는 미소를 보여준다. 남편의 지위를 확고하게 해줄 수 있는 능력을 스스로 깨우치기 위해 노력하기 때문이다.

세상을 살아가면서 이웃 사람에게 우정 어린 미소를 보내는 사람은 매우 드물다. 사람들은 너무나도 바쁘게 자신의 일에 몰두하기 때문에 삶을 윤택하게 하는 인사조차 제대로 못 하고 살아간다.

우리가 고난의 삶을 살아가고 있다 할지라도 현명한 사람이라면 장래의 성공에 대비해야만 한다.

한 사람이 갖고 있지 못한 무엇이 있다면 함께 삶을 가꾸어 가는 또 한사람의 그 무엇으로 그것을 해결하지 않으면 안 된다.

미국 영화협회 회장 존 스톤의 부인은 이렇게 자신의 내조에 대하여 설명하고 있다.

"내가 돕지 않아도 남편은 괜찮을 거야. 나는 사회 활동과는 상관없는 사람이니까 별 문제 없겠지 하는 생각을 버리십시오. 우리도 처음에는 그랬지만 차차 그것이 옳지 않다고 생각하게 되었습니다.

우리가 약혼했을 때 남편은 진공청소기 세일즈맨이었습니다. 그 때 저는 남편의 장래에 대하여 어떤 예상도 할 수 없었습니다. 내가 알 수 있었던 것은 남편이 점차 나아지고 있다는 그것 하나뿐이었거든요.

그러나 우리는 그 먼 훗날을 위해 준비했습니다. 사회적인 활동에 자진해서 참석하기도 하고, 여러 분야의 사람들과 만나며 인간관계를 넓혀나갔던 것이지요. 그것이 오늘날 우리에게 얼마나 큰 힘이 되고 있는지 모릅니다."

잔소리란 마약과도 같은 것

 가정에서 아내의 잔소리가 많으면 그만큼 불행을 끌어들이는 것이나 다름없다. 그것은 실제로 부부간의 낭비벽이나 서로에 대한 불신감 등을 한데 모은 것보다도 더 나쁘다.

 대부분의 남편들은 아내의 최대 결함이 잔소리라고 꼽고 있다. 그만큼 최고의 결점인 것이다. 소크라테스나 나폴레옹 3세, 링컨 등의 경우를 보라. 그들은 잔소리 많은 아내 때문에 엄청난 고통을 당한 모델들이다.

 그런데 오늘날에도 아내들은 여전히 잔소리의 힘으로 남편을 자신의 구미에 맞게 개조시킬 수 있다고 믿고 있는 것 같다. 그러나 특수한 경우를 제외하고는 그런 시도가 성공했다는 말은 들어본 적이 없다.

 "가정에서 남편의 행복은 무엇보다도 아내의 내조에 의해 좌우된다. 따라서 잔소리란 불필요한 것이다.

많은 남성들이 일을 게을리 하거나 성공의 의욕을 상실하는 것은 대개 아내가 집요하게 따지고 들거나 기분을 상하게 하기 때문이다.

잔소리란 대부분, 남편의 희망이나 포부에 찬물을 끼얹는 것이나 돈문제, 자녀의 교육문제 등등의 부질없는 이야기일 경우가 많다.

잔소리의 진실 여부는 여기에서 그리 큰 문제가 안 된다. 다만 그것이 잔소리라는 데에 문제가 있다."

이 말은 여성인 도로시 딕스의 말이다. 이렇듯 잔소리란 일종의 마약과도 같아서 남편을 괴롭히는 말을 끊임없이 늘어놓게 된다.

불평 불만, 바가지, 남과의 비교, 욕설, 협박 등등이 그 대표적인 증상이다. 고금에 악처라고 불리는 여성들은 대개 이 중의 하나에 능하거나 아예 이 모든 것을 고루 갖춘 사람들이다.

신혼 시절에 아내들은 가난이나 실수 등을 웃으면서 넘기다가도, 조금 결혼생활에 익숙해지면 빈정대고 힐난하고 고통을 주는 잔소리의 칼을 빼어들곤 한다.

그것은 부부싸움과는 전혀 다르다. 아무리 명랑한 남편일지라도 쉴 새 없이 신경에 거슬리는 잔소리를 늘어놓는 아내가 있는 집에 들어가는 남편의 발걸음은 무거울 것이다.

세일즈맨 로버트 할리는 자신이 취급하는 상품에 대단한 자부심을 가지고 있었다. 때문에 아침부터 밤늦게까지 열심히 일을 하였다. 하지만 그가 지친 몸을 이끌고 집에 돌아오면 아내는 늘 잔소리를 늘어놓았다.

"왜 이렇게 늦게 들어와요?"
"일이 그렇게도 좋은가요?"
"당신은 가정을 돌볼 생각이 없는 사람이에요."
"나를 집이나 청소하는 가정부로 생각하는 거예요?"

그녀의 잔소리는 언제나 남편의 폐부를 찔렀다. 아내에게 이런 지독한 멸시를 받으면서 그는 이를 악물었다. 언젠가는 그녀의 잔소리가 잦아들리라, 그리고 신혼 시절의 사랑스럽고 이해심 많은 여성으로 돌아오리라 믿으면서…….

그러나 아내의 구박은 끊임없이 계속되었다. 가정은 지옥이었으며 아내의 목소리는 칼날이었다.

하지만 로버트는 이런 잔소리를 꿋꿋하게 견디며 성공을 향해 전진했다. 그리하여 결국 그는 커다란 판매회사의 중역 위치에까지 올랐다.

그리고 그때까지도 자신의 잘못을 반성하지 않는 부인과 즉시 이혼하였다. 얼마 뒤, 전 부인과는 비교도 할 수 없이 상냥하고 내조를 아끼지 않는 여성과 재혼을 하였다.

여전히 전 부인은 왜 자신이 그와 이혼해야 하는지를 이해하지 못했다. 그녀는 친구들을 만나면 이렇게 넋두리를 늘어놓았다.

"그 남자는 나와 살 때 고생만 시키더니, 돈을 좀 버니까 젊고 싱싱한 여자와 살림을 차렸어. 남자들은 다 그런 도둑놈 심보를 가지고 있는 거야. 정말 나는 억울하다구."

그녀는 남편이 자신을 외면한 이유가 뭔지를 알지 못했다. 그 진실이 지독한 잔소리 탓이라고 누군가가 충고를 했다 해도 그녀는 이해하지 못했을 것이다.

대개 남편들은 이렇게 말한다.

"아내의 잔소리를 들으면 이젠 만성이 돼서 잠이 와."

잔소리꾼 여성들은 이런 말을 들으면 화를 벌컥 내며 자신이 왜 이런 대접을 받아야 하는지를 하소연한다. 그러나 그것이 가장 큰 죄악이라는 점을 깨닫지 못하는 이상, 두 사람의 불행은 고칠 수 없다. 그 결론은 뻔히 보인다.

스스로 자각하지 못하면 병은 고칠 수 없다. 잔소리 역시 고질적인 마음의 병이다.

누군가가 당신의 잔소리에 대해 충고를 하면 스스로를 심각하게 돌아볼 필요가 있다. 그리고 그 골수에 박힌 깊은 병을 치료하는 방법을 모색해야 한다.

잔소리를 치료하는 여섯 가지 방법

1. 남편이나 가족에게 그 증세를 고치기 위해 협조를 요청한다. 벌금제도 괜찮다.

2. 한 가지 일에 대해 한 번만 말하라. 그 다음의 결과에 대해서는 깨끗이 잊어라.

3. 같은 일을 부탁해도 부드러운 말을 골라서 한다.
일은 시키는 것보다 부탁하는 편이 훨씬 효과적이라는 점을 명심하라.

4. 유머를 익혀서 사용하라.
외운 내용을 누군가에게 더듬더듬이라도 들려준다면 그만큼 당신의 배려가 보이게 된다.

5. 크게 곤란한 일이 일어났을 때라도 침착하게 이야기하라.
호들갑을 떤다면 실제 작은 일도 크게 변하는 것이다.

6. 잔소리하지 않고도 문제는 얼마든지 해결될 수 있다는 자신감을 가져라.

남편의 일을 존중하자

 남편의 출세를 위해서 아내가 할 수 있는 일은 크게 두 가지가 있다. 그것은 남편을 사랑하는 것, 그리고 남편의 일에 간섭하지 않는 것이다.
 아내는 남편이 마음 편히 지낼 수 있도록 행복한 가정을 만들기 위해 노력해야 한다. 거기에 남편의 능력을 믿고 격려하여 그가 자신의 일에 신명을 낼 수 있도록 한다면 금상첨화일 것이다.
 남편의 일에 주제넘은 참견을 한다거나, 다른 사람과 비교하고 간섭한다면 그처럼 커다란 장애물은 없다.
 물론 아내들은 모두가 남편의 성공을 원할 것이다. 그러나 가장 큰 힘이 되어주어야 할 아내가 성공의 함정으로 작용한다면 참으로 안타까운 일이 아닐 수 없다.
 어떤 조그만 회사에서 일어난 일이다.

갑작스런 인사이동이 있었는데, 유능하다고 소문난 다른 업체의 간부가 그 회사의 지배인으로 취임하였다.

직원들은 술렁거리면서도 어려운 회사를 다시 일으킬 수 있는 인물일 거라며 반가워하였다.

그런데 그에게는 겸손하고 사려 깊은 마음이 있었지만 결정적인 취약점이 하나 있었다. 아내가 남편의 일에 참견하는 치맛바람을 잠재우지 못한 것이었다.

그의 아내는 매일 아침 남편과 함께 출근하여 직원들을 곤혹스럽게 만들었다. 더군다나 그녀는 남편의 지시를 받아들고 비서나 타부서 사람들에게 명령하기까지 하였다.

이런 적극적인(?) 내조는 금방 회사 전체를 질리게 만들었다. 직원들의 사기는 땅에 떨어지고, 심지어 어떤 여직원은 사표를 제출하기도 하였다. 결국 그 지배인은 들어온 지 불과 3주만에 해고되고 말았다.

그 부인도 마찬가지로 회사의 현관문을 출입하지 못하게 되었음은 불문가지의 일이다.

그녀는 자신의 주제넘은 참견이 남편에 대한 사랑이라고 강변할 수 있을는지도 모른다. 하지만 그것은 도에 지나친 행위이며, 남편을 몰락시키는 무지에 지나지 않았다.

카네기 지침

만일 입씨름으로 천추의 한을 남기고 싶지 않다면 아무리 자기에게 이유가 있고, 상대방의 말에 다소 귀가 아프더라도 참고 귀를 기울여야 한다.
인간은 이성의 동물이 아니다. 감정에 흔들리기 쉬운 편견에 가득한, 자존심에 의해 행동하는 동물이다. 남을 상대할 때는 항상 이 점을 잊지 말라.

무리한 야심은 실패의 지름길

우리는 낮은 직위에서 힘든 일을 하지만 행복해하는 사람들을 종종 보곤 한다. 하지만 그런 타입의 사람들을 어느 날 갑자기 경영관리직에서 일하게 한다면, 아마 그들은 거기에서 오는 긴장과 책임을 견디지 못해 쓰러지고 말 것이다.

성공이란 어떤 면에서는 자신의 정신과 육체 및 기질에 맞는 일에 종사하는 것이다. 그러므로 자신의 타입에 맞지 않는 분야에서 뒤처지는 것보다는 남 보기에 보잘것없더라도 분명한 자신의 일을 찾아 최선을 다하는 것이 낫다.

누구나 사장이나 교수가 될 수는 없다. 또 그런 직함에 집착하는 것은 일종의 허세에 불과하다. 그들은 그들의 자리에 걸맞은 특질과 과정을 거쳤다. 현재 내가 하고 있는 일을 그들이 결코 뛰어들 수 없는 것과 마찬가지다.

예수는 제자들에게 이렇게 물었다.

"너희들 가운데 고민함으로써 자신의 수명을 조금이나마 연장시킬 수 있는 자 그 누구인가?"

현재 발전을 위하여 노력하는 사람들은 그것이 불가능하다는 것을 안다. 하지만 많은 아내들은 그것이 가능하다고 생각하고 남편을 독촉한다. 그것이 비극의 씨앗임을 알지 못하고 말이다.

그리하여 앙드레 모루아는 이렇게 단정한다.

"작가라 할지라도 자기 혼자서 온갖 종류의 소설을 쓸 수는 없는 법이다. 또한 정치가리고 헤서 자기 혼자 힘으로 온갖 반대당을 설득할 수 있는 것은 아니다.

여행가라 할지라도 자기 혼자 힘으로 모든 나라들을 여행할 수는 없다. 되풀이해 말하거니와 자신에게 적합하지 않은 일에는 참여하지 않는 것이 중요하다."

일급 배관기술자로 만족하며 그 분야에서 인정받고자 노력하는 사람이 있었다. 하지만 그의 아내의 마음은 그렇지 않았다. 친구의 남편들이 서류가방을 들고 회사에 출근하여 책상에서 일하는 것이 그렇게 좋아 보일 수가 없었다.

퇴근할 때마다 땀과 흙투성이가 되어 돌아오는 남편을 볼 때마다 그녀는 부끄러운 생각에 가슴이 무너져내렸다. 그래서 매일같이 남편을 닦달하였다.

"당신도 남들처럼 넥타이를 매고 빌딩의 엘리베이터를 탈 수 있는 사람인데 왜 노력을 하지 않는 거예요?"

이런 아내의 등쌀에 견디다 못한 그는 주위의 친지에게 부탁하여 큰 회사의 사무원으로 취직을 하였다.

아내는 그런 남편이 너무나도 자랑스러워 사방에 떠벌리고 다녔다. 하지만 그의 수입은 배관기술자로 일할 때보다 턱없이 적었다.

그리고 자신의 재능에 맞지 않는 분야에서 단지 아내의 만족을 위해 억지로 일하다 보니 발전이란 생각조차 할 수 없었다.

아내의 채찍질에 휘말려 자신을 잃어버린 그는 평범한 샐러리맨으로 전락해 버린 것이다.

능력 이상의 일을 하려다가 절망에 빠지는 것보다는 자기 능력의 한계 안에서 유쾌하게 일한다는 것이 얼마나 행복한 일인가.

수입이나 명성, 높은 생활 수준에 대하여 동경하다 보면 무리한 노력을 강요당하게 되고, 오르지 못할 정상을 꿈꾸다 추락하는 경우가 참으로 많다. 그 매개자는 대부분 야심에 찬 아내들이다.

그녀들은 허울좋은 성공보다는 즐거운 자유가 낫다는 사실을 깨달아야 한다. 물론 현재의 일을 적절하게 전환시켜 인생의 전기를 마련하는 사람도 많다. 그런 경우는 성공의 실마리를 포착하는 안목이 있는 사람만이 가능한 일이다. 또 그 성공이 어떤 때는 재난의 실마리가 되는 수도 있음을 명심하라.

호놀룰루 경찰국의 그리포드 슈왈츠만 경사는 통상적인 순찰 업무에 종사하고 있었다. 그는 순찰차를 타고 시내를 돌아다니며 우범지역 감시는 물론, 시민들의 안전을 돌보면서 현재 맡고 있는 자신의 직분에 만족하고 있었다.

그런데 그가 결혼하여 딸을 낳자 경찰서장은 그를 가까운 다른 지역으로 전근 발령을 내렸다. 현직보다 근무시간은 길었지만 봉급이 더 많은 곳으로 배려해준 것이었다.

슈왈츠만은 마음속으로 깊이 감사하며 자신의 일에 최선을 다하리라 생각했다. 조금만 더 열심히 일하면 집안의 가계 부담을 덜고 서장의 믿음에 보답할 수 있으리라 여겼다.

처음에는 일이 순조롭게 풀려갔다. 실적도 어느 정도 오르고 주위의 기대에 부응하는 것만 같아 뿌듯했다. 하지만 시간이 지날수록 그는 불면증에 시달리고 체중이 줄어들기 시작했다.

또 일에 대한 조바심과 불안감으로 신경질이 늘어만 갔다. 이런 자신을 깨달은 슈왈츠만은 경찰병원의 의사에게 자신의 상태를 말하고 해결방안을 찾아달라고 부탁하였다.

그를 면밀하게 진찰한 의사는 경찰서장을 찾아가 이렇게 말했다.

"슈왈츠만 경사는 지금 폐인 일보직전에 있습니다. 착한 사람이 지금의 일에 엄청나게 부담을 느끼고 있는 것이지요. 하루 빨리 그를 예전의 업무로 복귀시켜야 합니다."

이렇게 해서 다시 원대 복귀하라는 명령이 떨어졌다. 그리고 슈왈츠만의 정신과 육체는 정상을 되찾을 수 있었다.

이러한 경우는 그래도 다행한 일이다. 하지만 우리 중에는 현실을 받아들이지 않고 고집을 피우다가 손 쓸 수 없는 지경에까지 이르는 사람들이 많다.

결코 야심에 지는 사람이 되지 말라. 이길 수 있는 야망을 키워나가도록 하라.

희망을 꺾으면 미래도 없다

래리란 사나이는 카센터를 운영하는 것이 꿈이었다. 그래서 그는 개업 자금을 마련하기 위해 회사에 취직을 하였다.

몇 년 동안 착실하게 회계 파트에서 근무하던 그는 어떤 여성과 사랑에 빠졌고 결혼까지 하게 되었다. 그런데 그의 아내는 인생의 안전 운행을 고집하는 여성이었다.

장차 카센터를 개업하겠다는 그의 이야기를 듣고 그녀는 집을 한 채 사서 살림의 기틀을 마련할 때까지는 직업을 바꾸지 말 것을 종용하였다.

아내의 말에 고개를 끄덕인 래리는 야망을 접어두고 현재의 일에 열중하였다. 그런데 마침내 그들의 목표가 달성될 즈음 아이가 태어났다.

고민하는 그에게 아내는 가정을 지키기 위해서 무모한 사업에 뛰어들지 말라고 다시 설득했다. 그리하여 결국 그는 성공으로 가는 기차를 놓쳐버리고 자신의 자동차 보닛을 열고 아련한 추억에 잠기는 평범한 샐러리맨으로 남고 말았다.

그후에 그의 인생이란 아무런 희망도 없었다. 아무런 열정도 없는 삶을 살게 된 것이다.

실패란 성공의 한 과정이다. 그런데 그의 아내는 그에게 실패를 강조함으로써 아무런 시도도 하지 못하게 했다. 설혹 그가 실패를 했더라도 그 경험으로 다시 성공했을지 그 누가 알겠는가?

살아가는 데 있어서 모험을 두려워하고 안전 제일만을 선호한다면 그는 언제나 이등 인생밖에 되지 않을 것이다. 꿈이란 날개를 펴야만이 비로소 이루어진다.

성공은 부부가 함께 이루어야 한다. 그러므로 다소의 위험이 예견되더라도 하고자 하는 일에 과감하게 도전해야만 한다.

성공이란 하고 싶은 일을 발견해서 그것을 최고까지 끌어올리는 모습이다. 그런 과정에서는 눈사태를 만나기도 하고, 자일이 끊어지는 고난을 당하기도 한다. 하지만 정상이 눈에 보이면 그것은 결국 정복되게 마련이다.

용기있는 사람은 자신에게 정직하다

우리들은 어떤 사람을 용기있는 사람이라고 부르는가?

그는 어쩌면 죽음의 위협을 무릅쓰고 에베레스트 산을 정복한 산악인일 수도 있다. 거친 불길을 헤치고 들어가 어린 아이를 구출한 소방대원일 수도 있다. 또 총알이 빗발치는 전쟁터에서 부상당한 전우를 끝까지 구출해낸 병사를 일컬을 수도 있다.

물론 그들은 용기있는 사람들이다. 하지만 이 사회에는 그보다 더 큰 용기로 살아가는 사람들이 있다. 그들은 과연 누구인가?

그들은 곧 부정을 보고 '아니오'라고 말할 줄 아는 사람이다. 일방적으로 자신만을 생각지 않고 더불어 살아가는 넓은 세계를 위해 내가 무엇을 할 수 있을까 고민하는 사람들이다.

우리들은 정에 약하고 인연에 끌리는 존재들이다. 그리하여 불의를 보고도 과감하게 물리치지 못하고 눈감아 주는데 너무나도 익숙하다. 이와 반대로 상대가 자신의 무리한 부탁을 들어주지 않으면 섭섭함을 느낀다. 그것이 잘못이라는 것을 알면서도 말이다.

이런 일은 가족, 친지, 친구들 사이에서 자주 일어난다. 친구가 자신의 의견과 다르다고 해서, 친척이 자신의 부탁을 들어주지 못한다고 해서, 가족들이 자신의 부정을 눈감아주지 않는다고 해서 배신감을 느끼곤 한다.

단지 가깝다는 이유 하나만으로 나쁜 짓을 눈감아달라고 하는 것은 너무나 지독한 처사이다. 왜 자신의 부정을 남에게 강요하는 것인가?

용기있는 사람은 자신에게 정직하다. 그들의 친구들 또한 대개 정직하고 용기있는 사람들이다.

자신에게 광명정대光明正大한 사람들은 유혹을 감연히 뿌리칠 수 있는 자신감을 가지고 있다. 가까운 사람을 잘못된 길에서 끌어내 바른 길로 인도할 수 있는 힘이 있다. 그것이 또 참다운 사랑이 아니겠는가.

그런 용기있는 사람들만이 이 사회를 이끌어가고, 보다 밝은 소식을 전해준다.

광명정대하게 살라. 그 빛 아래서 행복의 볕을 쬐어라.

사랑에도 노력이 필요하다

 사랑이나 우정은 누군가가 무작정 예쁜 포장지에 싸서 바치는 선물이 아니다. 그것은 당신이 직접 삽을 들어 땅을 파고 원석을 꺼내 오랫동안 갈고 닦아 빛을 내야만 하는 결실이다.

 스스로 고독하다고 여기는 사람들은 아무리 기다려도 사랑이 오지 않는다고 넋두리를 늘어놓는다. 그런 마음을 언제까지나 가지고 있다면 그는 그 기다림 속에 지쳐 늙어버리고 말 것이다.

 만약 누군가와 함께 우정이나 사랑을 바탕으로 빛나는 미래를 설계하고 완성시키고 싶다면 이에 대한 꾸준한 노력이 필요하다.

 사업을 하는 사람이 거래처에서 계약을 따내기 위해서는 그 회사의 호감을 사기 위해 애써야 하듯이, 우리가 따뜻한 사람을 만나기 위해서는 자신이 먼저 따뜻한 마음으로 다가가야만 한다.

행복은 우연한 것이 절대 아니다. 노력하는 만큼 주어지는 당연하고 필연적인 것이다. 그러므로 자신의 속살을 있는 그대로 보여주고 그 순수한 마음으로 상대방에게 손을 내밀어야만 한다.

남편이 세상을 떠나고 그 누구도 자신을 위로해주지 않는다고 투덜대는 나이 많은 부인이 있었다.

그녀는 자신을 특별한 존재로 여겼다. 그리하여 자신의 비통한 처지와 고독을 사람들이 이해하고 동정해주어야만 된다고 생각했다.

하지만 아무도 그녀가 원하는 만큼 행복을 주지 않았다. 그녀는 시집간 딸이나 아들에게 기대어 무엇인가를 얻어내려 애썼지만 불가능한 일이었다. 욕망의 크기만큼 시시때때로 일어나는 다툼만이 그들을 더욱 갈등 속으로 몰아넣을 뿐이었다.

그녀는 자식들에게 아무런 사랑도 주지 않으면서 위로와 사랑과 배려를 주지 않는다고 속상해하고 절망적인 기분에 휩싸였다.

이런 그녀의 마음속에는 오로지 이기심만이 가득했다. 결국 그녀의 운명은 고독과 눈물을 부추기는 무의미한 여생만

이 남을 것이다.

그녀가 이런 분위기에서 뛰쳐나오는 방법은 단 한 가지밖에 없다. 곧 자기 연민의 어두운 터널에서 탈출하는 것뿐이다. 모르는 사람과 당당하게 만나고, 새로운 사람들이 주는 모험의 산 속으로 들어가야만 한다.

따뜻한 인간관계를 만들고 자신의 불꽃을 그 안에서 피워내야 한다. 그것은 성장의 과정이며, 나이와는 관계없는 행복이다.

한 노부인이 눈부시게 밝은 미소를 띠고 지중해 유람선 마스트에 서 있었다.

그녀의 유람선 여행은 두 번째였다. 첫 번째는 40여 년 전 남편과 함께였다. 빛나는 젊은 날 바다를 보면서 두 사람은 사랑을 속삭였으며 미래를 준비했다. 하지만 오늘 그녀는 혼자였다. 사랑하는 남편이 세상을 떠났기 때문이다.

처음 남편이 세상을 떠났을 때 그녀는 눈앞이 캄캄했다. 아무도 그녀를 진심으로 위로해주지 않는 것만 같았다. 고독과 슬픔만이 앞날에 놓여 있는 것 같았다. 홀로 살아가야 할 미래가 캄캄한 어둠으로 다가왔다.

하지만 현명했던 그녀는 금방 자신이 어떤 방향으로 나아가야 하는지를 깨달았다.

그것은 스스로의 목표를 찾아내 열중해야 한다는 것이었

으며, 새로운 세계의 사람들과 어우러져야 한다는 자각이었다.

그것은 지난날의 행복을 아름답게 추억할 수 있는 유일한 방법이었다. 헐벗은 마음으로는 어떤 과거도 슬픔으로 포장될 뿐이기 때문이다.

어느 날 아침 그녀는 상복을 벗어던지고 붓을 들었다. 젊었을 당시 한때의 취미였던 미술을 새로운 삶을 위한 도구로 선택했던 것이다. 그때부터 캔버스에 붓을 휘두르며 그녀는 세월의 빛깔을 마음껏 그려내기 시작했다.

영혼의 온갖 고초와 환희의 물결을, 작지만 너무나도 거대한 공간에 묘사하면서 그녀는 혼자서도 얼마든지 의미있게 살아갈 수 있음을 확신하였다.

완성된 그림은 주변 사람들에게 나누어주고 비평을 부탁했다. 열정이 담긴 그녀의 그림은 대가의 작품은 아니었지만, 그 나름의 개성으로 찬사를 받았다.

그때부터 그녀의 얼굴에서는 눈물이 사라지고 미소가 찾아왔다. 옛친구를 만나 명랑하게 이야기를 나누고, 이웃 사람들에게도 밝은 인사를 나누었다.

어줍잖게 남의 생활에 간섭하는 일은 하지 않았다. 그녀는 참견하는 사람이 아니라 도움을 주는 존재가 되고 싶었다. 차츰 시간이 지나자 그녀는 인근에서 가장 기품있는 부인으로 대접받게 되었다. 마을회관에 그녀의 그림을 전시해 달라는 부탁도 들어왔다.

재생의 기쁨, 그것이 다시 한 번 유람선을 타게 된 동기였다. 그 옛날 남편을 추억하며 이제 독립선언문을 낭독하는 기분으로 그녀는 파도를 바라보았다. 인생의 한가운데로 과감하게 헤엄쳐 나가는 자신의 모습이 보였다.

이제 그녀는 결코 혼자가 아니었다. 함께 이야기를 나누고 싶어하는 사람들이 반가운 미소를 지으며 곁에 있었기 때문이다.

오클랜드에 있는 밀스 대학의 린 화이트 학장은 다음과 같이 말하였다.

"20세기의 큰 병, 그것은 고독입니다. 우리는 고독한 군중인 것입니다. 인구가 늘고 사회가 바다처럼 거대해지면서 우리는 마음으로 사회를 느낄 수 없게 되어버렸습니다.

……우리는 신에 대한 사랑과 인류에 대한 사랑에서 우러나오는 정열로서만 우리의 영혼을 좀먹는 고독과 싸워 이길 수 있습니다. 그것만이 얼어붙은 마음의 빙산을 녹일 수 있는 것입니다."

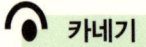
카네기 지침

자기 자신을 진정으로 받아들이기 위해서는 다음과 같은 현실을 긍정하고 받아들여야만 한다.

우리들은 어떤 면에서는 유능하지만 다른 면에서는 무능하다. 대부분의 사람들이 다 마찬가지다. 하지만 누구나 자신의 능력에 따라서 공동 생활을 해나간다. 인간은 감정적으로는 모질지 못하다.

누구나 마음속 깊은 곳에는 분별력이 없는 공포감이 숨어 있다. 그러므로 정상적인 사람이란 자신의 인생을 웃으면서 용감하게 받아들이는 인간이다.

오만하고 완고한 태도를 버려라

우리는 살아가면서 여러 가지 동기에서 하나의 신념을 만들어낸다. 그리고 그 신념의 영역에 누군가 화살을 쏘면 가차없이 반격의 화살을 날린다.

그런데 이런 경우 우리가 중시하는 것은 분명 신념 그 자체가 아니다. 위기에 처한 자존심을 보전하려는 방어본능일 뿐이다.

우리는 자신이 소유하고 있는 것에 누군가 험담을 늘어놓으면 한결같이 화를 낸다. 나의 집, 나의 개, 나의 부모님, 나의 하느님, 나의 취향, 나의 의복 등등…….

그리고 스스로 진실이라고 믿고 있는 것이라면 언제까지나 진실이길 원한다. 그리하여 아무리 상대방이 명확한 증거를 들이밀어도 어떤 구실을 대면서 받아들이길 거부하곤 한다. 결국 그것은 하나의 고집에 지나지 않는 것이다.

어떤 사람이 실내장식가에게 집안 수리를 부탁했다. 그런데 견적이 만만치가 않았다. 자신이 생각했던 비용보다 훨씬 비싸게 나왔던 것이다. 하지만 업자가 마음에 드는 디자인을 제시하였으므로 선선히 공사를 허락하였다.

공사가 끝난 지 얼마 되지 않아 한 친구가 집을 방문하였다. 그는 깨끗하게 개조된 집안을 보면서 이렇게 말했다.

"어이쿠, 대단한데. 대체 얼마나 들었나?"

집주인이 공사비용을 말해 주자 친구는 조소하는 태도로 이렇게 말했다.

"야아, 대단하구먼. 자네 그 동안 돈을 많이 벌었나보지?"

그 말을 들은 집주인은 기분이 나빠져서 변명을 늘어놓기 시작했다. 속속들이 따져보면 참으로 싼값이라느니, 유명한 디자이너가 손수 공사를 했으니 그 정도의 값은 치러야 하는 것이 아니냐는 등의 말이었다.

그런데 다음날 다른 친구가 방문하여 집을 보더니 거꾸로 감탄사를 늘어놓는 것이 아닌가. 그는 이렇게 멋진 집은 처음 본다면서 자신이 돈이 생기면 꼭 그 디자이너에게 수리를 맡기겠노라고 수선을 떨었다. 그러자 집주인은 이렇게 대답하였다.

"실은 생각보다 수리비가 많이 나와서 걱정이네. 마음에는 들지만 너무 비싸서 부담이 많이 돼."

자신의 잘못을 시인하는 경우는 참으로 드물지만, 상대방의 처사가 부드럽고 친절할 때는 솔직하게 시인한다. 그런 때는 오히려 자신의 솔직함을 마음속으로 자랑스러워하게 된다.

하지만 상대가 잘못을 비아냥거리거나 조소하면 솔직해질 수가 없다. 진실이니 뭐니를 떠나서 우선 화가 나기 때문이다.

프랭클린은 젊은 날 논쟁을 몹시 좋아했다. 그런데 가까운 퀘이커 교도 친구가 엄한 태도로 그를 나무랐다.

"이봐, 자네는 문제가 있어. 의견이 좀 다르다고 해서 다른 사람들과 싸우는 것처럼 시비를 벌이곤 하니 말이야. 그런 분위기를 좋아할 사람이 어디 있겠나?

사람들은 자네가 차라리 옆에 없었으면 하고 바라고 있다네. 자네는 스스로 뭐든지 다 잘 알고 있다고 생각하겠지만, 다른 사람들은 그런 자네와 이야기하기조차 싫어하네. 왜냐하면 기분이 나빠지거든. 그렇게 되면 자네의 보잘것없는 지식은 더 이상 진보할 가능성조차 없게 될 걸세."

이런 강경한 비난을 듣고도 참아낸 것이 바로 프랭클린의 위대한 점이었다. 더군다나 그 말을 듣고 자신을 변화시키기까지 하였다. 종래의 오만하고 완고한 태도를 바꾸어버린 것이다.

그는 당시의 기분을 이렇게 말했다.

"나는 남의 의견을 정면으로 반대하거나 나의 의견을 단정적으로 말하지 않기로 결심했다. 결정적인 것을 의미하는 그런 말, 가령 '확실히'라든가 '틀림없이' 따위의 말이 아니라, '저도 그렇게 생각하지만' 등의 말을 쓰기로 했던 것이다.

상대방이 분명히 잘못된 주장을 해도 '물론 그런 말도 있다고 합니다.' 등의 완곡한 표현을 쓰기로 했다. 그러고 나니 타인과의 대화가 너무나도 부드럽게 이루어지기 시작했다.

겸손하게 의견을 말하니 상대는 곧 납득을 하였고, 반대하는 사람도 줄어들었다. 거꾸로 나의 잘못을 인정하는 것이 그다지 고통스럽지 않게 되었으며, 또 상대방의 잘못을 보다 더 쉽게 수긍시킬 수 있게 되었다."

잘못을 인정하는 자세

어떤 바보라도 자신의 잘못을 변명할 수 있다. 변명이란 책임을 지지 않으려는 방어본능이다. 하지만 그것은 자신을 지켜주기는커녕 더욱 궁지에 몰아넣고 만다.

우리는 어떤 일을 할 때 확신을 가지고 있다 할지라도 잘 생각해보면 자신의 의견이 틀렸음을 느낄 경우가 있다. 이런 때 솔직하게 잘못을 인정하는 것이 얼마나 인간미 넘치는 모습인지를 사람들은 종종 간과하고 있다.

'지는 것이 이기는 것이다.' 란 말이 있다. 옹색한 변명으로 자기를 지키려하기보다 깨끗하게 잘못을 시인하라. 자신을 낮추는 만큼 인간미는 빛난다.

남북전쟁 당시 남군의 총사령관이었던 리 장군은 용기있게 자신의 잘못을 인정한 사람이었다. 북군과 남군의 대혈전이었던 게티즈버그 전투에서 그는 부하인 피켓 장군의 작전 실패의 멍에를 자신이 도맡았던 것이다.

피켓 장군은 일차 점령 목표인 세미터리 리치를 향하여 5천여 명의 부하들을 이끌고 일대 돌격작전을 감행하였다. 그러자 북군의 진영에서 일제 사격을 개시했지만, 그의 군대는 대오 정연하게 언덕을 향하여 진군하였다. 마침내 그들이 세미터리 리치에 도착하였을 때 돌연 돌담 뒤에 매복해 있던 북군이 나타나 피켓 부대를 향해 집중사격을 가했다.

곧 치열한 공방전이 벌어졌다. 하지만 북군의 공세에 피켓 군은 치명상을 입었다. 이때 살아남은 장교는 단 한 명뿐, 무려 4천여 명의 병사가 적탄에 쓰러졌다.

아미스테드 대장이 남은 1천여 명의 병사를 이끌고 비장한 최후의 돌격을 감행했다. 돌담을 뛰어 넘어간 양군 사이에 육박전이 벌어졌다. 그리하여 마침내 세미터리 리치에 남군의 군기가 세워졌다. 피켓 군의 돌격작전은 목표를 완수한 것이다.

그러나 여기에는 너무나 많은 병사들의 희생이 있었다. 때문에 이 싸움은 승리가 아니라 처참한 패배로 규정되었다.

그후 절대적인 병력의 열세를 절감한 남군은 더 이상의 작전을 수행할 수 없었다. 이로써 남부 연맹의 운명이 결정되고 말았다.

리 장군은 의기를 상실하고 남부 연맹의 제퍼슨 데이비스에게 사표를 제출하였다. 그리고 자신보다 젊고 유능한 인물을 사령관으로 임명해 달라고 요청하였다.

리 장군은 패배한 피켓 부대의 병사들을 눈물 흘리며 맞아들였다. 그리고 그들 앞에서 이렇게 말하며 가슴을 쳤다.

"이 패배의 책임은 오로지 나의 잘못 때문이다."

누가 이런 비참한 패배의 멍에를 홀로 지려 하겠는가. 하지만 리 장군은 자신의 부하들 중 그 누구에게도 책임을 전가하지 않았다.

이런 고결한 용기가 있었기에 그는 패장이면서도 부하들의 존경과 믿음을 한몸에 받았던 것이다.

카네기 지침

자신의 잘못을 인정하는 것만큼 어려운 일은 없다. 어떤 사태를 해결하기 위해서는 솔직하게 자신의 실수를 인정하는 일이 무엇보다도 중요하다.

고민과 싸워 이겨라

 그랜트 장군은 고뇌가 건강한 사람에게도 병을 준다는 것을 몸소 체험하였다.
 남북전쟁 말기 그랜트 장군이 지휘하는 북군은 9개월 간 남군이 농성중인 리치먼드를 포위하고 맹공을 퍼부었다.
 오랜 포위작전으로 인해 남군 진영은 공황 상태에 빠져들어 갔다. 기아와 공포로 인하여 탈영병들이 속출하였고, 남아 있는 병사들도 제정신이 아니었다.
 최후를 예감한 남군의 리 장군은 리치먼드를 포기하기로 결정하였다. 그리하여 그의 최후 명령을 받은 병사들은 캄캄한 어둠을 틈타 리치먼드의 면화창고와 담배창고에 불을 지른 후 필사적인 탈출작전을 감행하였다.
 승기를 잡은 북군은 퇴각하는 남군을 맹렬하게 추격하였다. 세리단 장군이 지휘하는 기병대가 적군의 퇴로를 차단하였고, 철로를 봉쇄하여 기차로 운반하고 있던 얼마 남지 않은 남군의 군수물자를 노획하였다.

남군 병력은 지리멸렬이었다. 이날 밤의 치열한 전투가 남북전쟁에서 북군의 승리를 선언하고 있었다.

이때 북군의 그랜트 장군은 격심한 두통에 시달리고 있었다. 어찌나 지독했던지 지휘 대열에서 빠져나와 민가에서 치료를 해야 할 정도였다.

그는 밤새도록 두통에 효과가 있다는 겨자탕에 발을 담그고 손목과 목뒤에 고약을 붙였다. 군의관은 아침이 되면 두통이 사라질 것이라고 말했다.

그런데 실제로 아침이 되자 그랜트 장군의 두통은 씻은 듯이 사라졌다. 한데 그것은 겨자탕이나 고약의 효력이 아니었다.

묘약은 리 장군이 보낸 한 장의 항복문서였다. 그랜트 장군은 훗날 당시의 상황을 이렇게 고백했다.

'아침이 되어도 나는 극심한 두통에 시달리고 있었다. 그러다가 한 병사가 가져온 남군의 항복문서를 보는 순간 그 증세는 씻은 듯이 사라졌다. 실로 기적 같은 일이었다.'

그의 두통은 전쟁의 긴장감과 고뇌에서 비롯된 것이었다. 그것이 승리의 기쁨으로 바뀌는 순간 사라져버렸다.

노벨 의학상 수상자인 알렉시스 카렐 박사는 '고민과 싸우는 방법을 모르는 사업가는 단명한다.'라고 말하였다. 하지만 이 말은 모든 사람에게 적용되는 말이다. 살아가면서 불안감이나 반항, 증오, 원한 등의 부정적인 요인은 누구나 한 번 이상 겪게 되기 때문이다. 이런 정신적인 요인 때문에 실제로 우리들의 육체도 타격을 받는다.

그러므로 우리들은 고민과 싸워 이겨야만 한다. 곧 스스로를 적극적인 마음가짐, 긍정적인 기질로 변화시켜 나가야만 하는 것이다.

필라델피아의 한 병원 로비에는 다음과 같은 글귀가 액자에 담겨 걸려 있다.

사람의 마음을 편안하게 하고
육체에 힘을 불어넣어 주는 것은
종교, 잠, 음악, 웃음이다.
신을 믿으라.
그러면 잠을 잘 잘 수 있게 된다.
음악을 즐겨라.
인생의 즐거운 면을 볼 수 있게 된다.
그리하여 건강과 행복이 찾아온다.

창조적인 정신으로 자신을 계발하자

'인간을 교육시키기 위해서는 단 한 가지 방법뿐이다. 스스로 배우겠다는 의욕을 불러일으켜 주는 방법이다.

그 사람에게 힘을 주고, 지도하고, 칭찬하며, 격려해주는 것도 좋지만, 가장 중요한 것은 자신의 노력으로 터득하는 것이다. 그가 터득할 수 있는 것은 그의 노력에 정비례한다.'

이 말은 하버드 대학의 총장이었던 로렌스 로얼 박사의 말이다.

다원화된 세계에 살고 있는 오늘날의 인간은 현재의 안락함에만 안주하려 한다면 도저히 경쟁 사회에서 살아남을 수가 없다. 창조적인 정신으로 자기 계발을 게을리 하지 않는 사람만이 도태되지 않는다는 뜻이다.

성공이란 계속 희망적인 목표가 있고, 그것을 향해 전진하고 있다는 것이다. 모든 사람이 정상을 차지하기란 불가능하다. 또 누구라도 그 정상에 오래 머물 수 없다. 하지만 노력하는 사람은 언제나 그 자리에서 더 높은 정상을 본다.

사람은 누구나 윗사람보다 한 단계 낮은 일을 하게 마련이다. 그러나 앞서가려고 노력한다면 그 윗사람의 자리는 분명 그의 차지가 될 것이다.

그러므로 책이 누구보다도 자신의 능력을 증폭시킬 수 있는 멋진 벗임을 명심해야 한다. 그것은 변화를 경고해주고 거기에 대응할 수 있는 지혜를 던져주는 까닭이다.

현재가 무엇보다도 만족스럽다 할지라도 책을 덮어서는 안 된다. 현재가 너무나 절망적인 상황이라 할지라도 고뇌하는 시간에 책을 펴는 사람만이 다시 일어설 수 있다.

목수인 존 헌터는 하루에 4시간밖에 자지 않으면서 공부를 한 끝에 비교 해부학계의 권위자가 되었다.

은행원이었던 존 라보트는 틈틈이 선사시대에 관한 연구를 하여 고고학계의 거장이 되었다.

제임스 와트는 기계 수리를 하며 화학과 수학 공부를 해서 증기기관을 발명하였다.

이런 예는 헤아릴 수 없이 많다. 만약 당신이 자신의 시간을 잘 활용하여 조금씩이라도 공부에 활용한다면 지금보다 훨씬 더 발전된 미래를 기대할 수 있다.

캔자스시티에 있는 한 신탁회사 직원으로 근무하고 있던 허윅은 오클라호마 주의 마셜 시로 이사한 다음 쉘 석유회사에 자리를 잡았다. 그는 거기에서 애브린 잉글이란 여성과 결혼을 했다.

결혼한 지 얼마 지나지 않아 대공황이 닥쳤다. 허윅은 다른 직원들과 함께 해고당하는 신세가 되었다.

그의 학력과 경력으로는 서기 자리밖에 알아볼 수 없었지만 그마저도 잘되지 않았다. 하는 수 없이 그는 하루에 40센트를 주는 송유관 공사장의 일용직 노동자로 일했다.

이런 형편이라 그의 아내는 상점에서 카운터 일을 보면서 생활비의 일부를 충당해야만 했다.

그렇게 고통스런 하루하루를 보내던 허윅은 얼마 뒤 경기가 회복되자 쉘 석유회사에 복직하였다. 그리고 곧 오클라호마 주의 추루사 시로 전근을 가게 되었다.

그곳에서 허윅은 경리 부문의 투자에 관한 일을 하였다. 그런데 그는 회계에 관하여 아무 것도 아는 게 없었다. 그러므로 자신이 담당한 업무를 파악하는 데만도 많은 시일이 걸렸다.

이때 그가 심각하게 자각한 것은 오로지 자신이 회계를 배워야 한다는 것뿐이었다. 그것이 현재의 자신에게도 가장 필요한 지식일 뿐만 아니라, 미래의 성공을 위한 기초가 될 것임을 확신했다.

이렇게 자신에게 무엇이 필요한가를 직시한 그는 즉시 가까운 오클라호마 회계법률 학교의 회계과 야간반에 입학하였다.

그는 그때 가장 보람을 느꼈다고 한다. 그곳에서 3년 동안 배우면서 일하는 동안, 그의 회계 실력은 일취월장하여 월급이 무려 세 배가 올랐다.

이후 그는 추루사 대학의 법학과 야간반에서 공부하면서 학위를 따고, 변호사 시험에 합격하여 변호사 자격을 얻었지만 거기에 만족하지 않았다.

다시 공인회계사 시험에 도전했다. 그렇게 회계 이론을 3년 배운 뒤, 또다시 화술 교육을 받았다. 그리하여 그는 법률 사무소를 운영하는 한편, 자신이 다니던 오클라호마 회계법률 학교에서 교편을 잡았다.

시간과 노력을 아끼지 않는다면 성공을 위한 재교육에 얼마든지 자신을 투자할 수 있다는 것을 허윅은 보여주었다.

꿈은 성공할 수 있다는 신념으로 뒷받침되어 있어야만 이룰 수 있다. 그런 사람을 향상시키는 중요한 수단의 하나는 바로 교육이다.

목표가 있다면 철저하게 준비하라

윌리엄 그래함은 결혼한 지 얼마 되지 않아 부인 마요리와 함께 맨주먹으로 낡은 건물의 한 귀퉁이를 빌려 사무실을 차리고 부동산중개업을 시작하였다.

그들에게 가진 것이라곤 오로지 성공에 대한 굳은 신념밖에는 아무 것도 없었다. 가난했던 그들 부부는 사람들에게 집을 소개해주고 그 중개료를 받아 생계를 꾸려나갔다.

처음에는 사업이 제대로 되지 않아 몹시 힘에 겨웠다. 끼니 걱정으로 잠 못 이룰 때가 하루 이틀이 아니었다. 하지만 그들은 이런 고난을 사랑으로 서로를 위로하며 일에 익숙해지려 애썼다.

고생한 보람이 있었는지 그들은 얼마 지나지 않아 조그만 집 한 칸을 마련할 정도가 되었다. 부동산 중개업은 날로 번창하였다.

그러나 그들은 이런 작은 성공에 만족하지 않았다.

그들에게는 원대한 계획과 부부의 일치된 협력이 있었다. 혈기왕성한 젊은 날에 새로운 사업 분야에 뛰어들어 반드시 성공을 해내고야 말겠다는 커다란 욕망이 꿈틀대고 있었던 것이다.

두 사람은 심사숙고한 끝에 생활의 안정과 작은 미래를 보장해주던 부동산 중개업을 포기하고 석유 매매업을 시작해 보기로 결정하였다. 그것은 치밀한 시장 분석과 면밀한 사전 계획하에 내려진 결론이었다.

그리하여 캔자스 시에 있는 윌리엄 그래함 석유회사는 해외 투자에 착수할 만큼 대성공을 거두었다.

그들 부부는, 목표를 설정하고 성실하게 한 길로 나아가는 사람은 틀림없이 정상에 도달한다는 사업의 정석을 증명해 보였다.

영국의 사무엘 칼리지란 시인은 재능에 비해 관심의 폭이 너무나도 넓었다. 그리하여 막상 자신의 본질인 시보다는 환상 속에 묻혀서 세월을 낭비하였다.

그는 항상 무엇에 쫓기듯이 뭔가를 하면서 살았으나, 실제로 이룬 것은 아무 것도 없었다.

그가 세상을 떠났을 때 수필가 찰스 램은 탄식하면서 다음과 같이 말했다고 한다.

"칼리지는 죽었습니다. 그는 형이상학과 신학에 관한 4만 장 이상의 논문을 썼습니다만, 애석하게도 완성된 것은 하나도 없습니다."

어떤 명사수일지라도 정확하게 조준을 하지 않으면 표적을 명중시킬 수가 없다. 하지만 우리가 하나의 목표에 집중한다면 설사 명중시키지 못한다고 할지라도 비슷하게나마 맞출 수 있다.

그러므로 당신에게 어떤 목표가 있다면 그것을 달성하기 위해서 어떤 사전 준비를 하느냐가 성공의 갈림길이 될 것이다. 이는 곧 보다 세밀하게 자신을 점검하고 자신에게 알맞은 분야를 찾아야만 한다는 뜻이다.

인생의 뚜렷한 목표, 곧 최종적인 목표를 명확하게 설정하라. 그리고 액셀러레이터를 힘껏 밟아라.

현재 자신의 일에 열중하라

사람들이 잘 깨닫지 못하는 성공의 비결이 있다. 그것은 인생의 경험이 쌓이면 쌓일수록 자신의 일에 대하여 열정적이 되어간다는 점이다.

성공한 사람과 실패한 사람을 비교해보면, 둘 사이의 개인적인 자질이나 능력, 또는 지식의 차이는 실로 미미하다. 그러므로 두 사람이 엇비슷한 실력을 가지고 있다면 보다 열중하는 사람이 당연히 좋은 결과를 차지할 것은 뻔한 이치다.

무슨 일이든 열심히 하지 않고서는 성공하지 못한다. 게으른 사람은 아무리 뛰어난 재능을 가지고 있더라도 아무 것도 이룰 수 없다.

때문에 열중이란 자신보다 객관적으로 나아 보이는 사람을 이길 수 있게 만든다. 그것이 곧 성공의 도표인 것이다.

자동차왕 크라이슬러는 이렇게 말했다.

"나는 활기찬 사람을 좋아합니다. 그가 활기에 차 있으면 고객들도 저절로 그 열정에 끌려서 계약을 체결하기가 한결 쉬워지는 법이지요."

물론 이와 같은 논리에도 한계는 분명히 있다. 음악에 전혀 재능도 없는 사람이 음악의 대가가 될 수는 없다. 미술의 '미' 자도 모르는 사람이 피카소와 같은 화가가 될 수는 없는 것이다.

하지만 이런 특별한 경우를 제외하고 보통 사람으로서 실현 가능한 목표를 설정한다면 그것은 실제로 가능하게 된다.

무엇보다도 현재 자신의 일에 열중해야 한다. 그리고 그 일에서 만족한 결과를 얻어내는 것이 첫 번째 과제이다. 그것은 당신이 성공적인 삶을 살아가는 지름길이다.

보험회사 생활설계사로 성공한 프랑크 베르거는 처음에는 매월 175달러를 받는 프로야구 선수였다. 그런데 그는 연습을 게을리 했을 뿐만 아니라, 소극적인 마음가짐 때문에 시합에서도 제대로 활약을 펼치지 못했다.

처음에 그의 뛰어난 자질을 눈여겨보았던 구단 관계자들도 차츰 실망을 금치 못했다. 결국 그는 어느 날 구단으로부터 방출 통보를 받았다.

감독은 짐을 꾸려 떠나는 베르거를 불러 이렇게 충고해주었다.

"자넨 젊은 사람이 그라운드에 나가기만 하면 왜 그렇게 활기가 없고 팔십 노인처럼 굼뜬가? 시합에 나서면 시합에만 열중하는 버릇을 길러보게. 그렇지 않으면 다른 팀에 가서도 오늘과 같은 꼴을 면치 못할 걸세."

낙담한 그는 펜실베이니아의 체스터로 가 간신히 애틀랜틱 리그에서 고작 25달러를 받는 삼류선수 생활을 하게 되었다. 그러나 그는 전 구단을 쫓겨날 때 감독으로부터 들은 충고를 잊지 않았다. 열정적이어야 한다는 그 말을.

새로운 생활이 며칠 지나지 않아 다니 미한이라는 사람이 장난 삼아 그를 코네티컷의 뉴헤븐 팀에 넣어주었다. 그래서 그는 전혀 생소한 뉴잉글랜드 리그에서 완전히 무명선수로 뛰게 되었다.

뉴헤븐 사람들은 굼뜬 베르거의 과거를 아무도 알지 못했다. 그래서 그는 마음속으로 다짐하였다.

'여기야말로 내가 새로 태어날 수 있는 곳이다. 나는 열정적으로 민첩하고 과감하게 행동해서 반드시 명성을 얻고야 말겠다.'

그리하여 어느 무더운 날, 그는 무료한 관중들을 열광케 할 정도의 파이팅을 펼쳤다. 안타를 치고 나가서는 맹렬한 기세로 도루를 했다. 야수들이 그의 기세에 놀라서 볼을 떨어뜨릴 정도였다.

시합에 열중하노라니 마음 한구석에 남아 있던 공포심은

씻은 듯이 사라지고 오직 이겨야겠다는 승부 근성만이 활활 타올랐다. 그러자 그의 몸도 정신에 부응하듯 펄펄 날았다.

그의 이런 열정은 주위 다른 선수들에게까지 영향을 끼쳤다. 그리하여 그의 팀은 승리를 거둘 수 있었다. 이튿날 아침 베르거는 아침 신문을 보고 감격하였다.

'베르거, 활화산처럼 타오르다. 그는 다른 선수들을 긴장케 했고, 게임에 이겼을 뿐만 아니라 최고의 경기를 관중들에게 선사했다.'

이와 같은 매스컴의 찬사가 있고 열흘도 안 되어 그의 봉급은 185달러로 껑충 뛰었다.

그로부터 2년 후 카디널스의 삼루수로 이적한 베르거의 봉급은 처음 뉴헤븐에 들어갈 때보다 30배나 올랐다.

무엇이 그를 이러한 성공의 대열에 오르게 하였는가? 그것은 오로지 열정 그것이었다. 열심히 나는 새만이 모이를 쪼을 수 있다는 것을 증명해 보인 셈이다.

몇 년 뒤 베르거는 어깨 부상으로 야구를 포기하지 않으면 안 되었다. 그후 파이드리티 보험사의 생활설계사로 새 삶을 시작한 그는 약 1년 동안 쓰라린 실패를 겪었다.

하지만 그것은 그가 처음 프로야구계에 몸담으며 겪은 고난에 비하면 별것 아니었다. 그때의 그 열정으로 보험에 열중한 결과, 그는 보험업계의 전설적인 인물로 성장하게 되었다.

카네기 지침

성공을 목표로 하는 사람들은 매일 아침 다음과 같이 스스로를 격려하라.

'나는 나의 일을 사랑합니다. 나는 내가 지닌 모든 능력을 일에 쏟아 붓겠습니다.
이렇듯 내 자신이 힘껏 노력하며 살아가는 데 대하여 깊이 감사드립니다.
오늘 하루도 온몸을 바쳐 힘껏 살겠습니다.'

인생은 기쁨으로 즐기는 것

 살아가면서 우리들은 한두 번의 극적인 실패를 겪는다. 그것은 짝사랑의 가슴 떨리는 고통일 수도 있고, 인생을 바쳐 일구어온 사업체의 부도로 인한 절망일 수도 있다.

 스스로 막다른 길이라고 생각할 때 사람들은 간혹 죽음을 생각한다. 그 질곡에서 가까스로 삶의 끈을 움켜쥐었다고 할지라도 완전하게 탈출하지 못하고 허우적거리곤 한다.

 분명 우리의 본능은 삶에 있다. 그리고 그것을 행복이란 이름으로 쌓아올리고 싶어한다. 그런데 실패의 경험 때문에 두려움과 욕망 사이에서 갈피를 잡지 못하고 방황만을 거듭하게 되는 것이다.

 그러나 다시금 되뇌어야 할 것이 있다. 부는 행복을 가져다주지 않는다. 가난도 마찬가지다. 하지만 가난한 사람들에게 신은 더욱 많은 행복을 주셨다. 왜냐하면 가난한 사람들은 작은 만족에도 즐거워할 줄 아는 까닭이다.

부는 탐욕을 이끌어오지만 가난은 희망을 이끌어온다. 그러나 그 희망은 부가 아니라 행복이다.

그러므로 우리는 실로 가난한 마음으로 즐거움을 찾아가야 한다. 내가 가져야 할 것이 부나 명예, 권력이 아니라 진정한 삶의 가치라고 생각해야 하는 것이다.

그렇게 되면 어떤 비극 속에서도 새로운 목표를 세우고 두려움 없이 다시 시작할 수 있게 된다.

자신을 믿고 동기를 창조하라. 그것이 어둠의 반대편에 서 있는 빛의 논리이며, 본질적인 당신의 모습이다.

인생은 기쁨으로 즐기는 것이다. 그것만이 성공이라고 이름 붙일 수 있는 당신의 본질이다.

당신은 그 본질을 찾아내야만 한다. 그러기 위해서 당신은 스스로의 마음을 다음과 같은 몇 가지 사고방식으로 무장해야만 한다.

첫째, 자기 스스로를 사랑하는 마음을 가져야 한다.

자신이 무엇이든 할 수 있는 존재임을 믿어야 한다. 그런 바탕 위에서만 튼튼한 건물이 세워진다.

만일 당신의 마음이 불완전하다고 여겨지면 과거 성공의 기억을 음미해보라. 그리고 만족스러웠던 그때의 자신으로 돌아가 용기를 되살려라.

하지만 만족만으로는 곤란하다. 무엇인가를 해냈던 뿌듯함과 함께 그 당시 이겨냈던 고난까지도 즐거운 기분으로 되새겨야만 한다.

그때의 용기백배한 시각으로 오늘의 자신을 바라보라. '이런 어려움쯤이야.'라는 생각이 들 때까지 말이다.

둘째, 자신의 잠재된 능력을 발휘하라.

사람들은 누구나 훌륭한 성품과 소질과 재능이 있다. 하지만 그것을 믿지 못하고 감추어두거나 아예 인지하지 못하고 있기가 십상이다. 개발되지 못한 능력은 아무런 가치가 없을 뿐더러, 그것을 무관심하게 지나친다는 것은 죄악에 가깝다.

감추어진 능력을 캐내어 빛나게 하는 방법은 별것 아니다. 단지 스스로에게 애착을 가지면 된다.

'나에게 그런 능력이 어디 있겠나?'

'그런 일은 다른 사람들도 많이 하고 있잖아. 이제 와서 내가 뭘······.'

이런 마음가짐은 패배적인 발상에 다름 아니다. 즐거운 마음으로 자신을 믿어라.

'나는 무엇이든 할 수 있는 사람이야.'

'늦었지만 남보다 더 열심히 하면 이 분야에서도 분명 성공할 수 있어.'

이런 긍정적인 마음가짐으로 자신을 바라보라. 세상은 넓고 할 일은 참으로 많이 눈에 띄게 될 것이다.

 셋째, 베풀면서 살아가라.
 베풂이란 단절된 영혼끼리의 관계를 맺어주는 따스한 손길이다. 경쟁 사회에서 살아남으려 혼자 몸부림치는 것은 부질없는 짓이다.
 내가 가진 것을 남과 함께 나눔으로써 사랑과 우정이 시작된다. 주는 것은 곧 받는 것이다. 순수한 마음으로 다가가는 사람에게 온갖 의심과 질시는 눈 녹듯 사라지게 마련이다.

 넷째, 현재의 일에 최선을 다하라.
 우리의 목표는 현재로부터 시작된다. 현재를 등한시하고 이룰 수 없는 목적만을 쫓는 불나방 같은 사람들이 참으로 많은 세상이다.
 지금 하고 있는 일에 최선을 다함으로써 다음 목표에 집중할 수 있다. 오늘 기쁜 사람이 내일 불행하다고 말할 수 없다. 그는 계속 기쁨과 즐거움으로 내일을 계획하고 행동에 옮기는 사람이기 때문이다.